Schriften

der

Centralstelle für Vorbereitung

von

Handelsverträgen.

---

26. Heft:

Bericht über die siebente ordentliche Generalversammlung.

Berlin 1906.
J. Guttentag, Verlagsbuchhandlung,
G. m. b. H.

Bericht

über die

Siebente ordentliche Generalversammlung

der

Centralstelle für Vorbereitung von Handelsverträgen

zu

Berlin

am 24. Januar 1906.

Berlin 1906.

J. Guttentag, Verlagsbuchhandlung,

G. m. b. H.

Der Vorsitzende des geschäftsführenden Ausschusses, Herr Dr. **C. A. von Martius** eröffnet die Sitzung um 10 Uhr vormittags. Er begrüsst die Erschienenen und weist darauf hin, dass die vorliegende Generalversammlung auf Vorschlag des geschäftsführenden und unter Zustimmung des grossen Ausschusses etwas verspätet einberufen worden sei, da man einmal solange habe zuwarten wollen, bis die für den Uebergang in die neuen handelspolitischen Verhältnisse am 1. März 1906 erforderlichen Vorbereitungen und Bestimmungen seitens der Regierung getroffen seien, weil man überdies aber während der letzten Wochen des Vorjahres mit der Vorbereitung der Herausgabe des neuen Zollhandbuches vollauf beschäftigt gewesen sei. Heute sei man in der Lage, über die Modalitäten, unter denen sich der Uebergang in die neuen Zollverhältnisse vollziehen werde, der Mitgliedschaft Bericht zu erstatten, ausserdem aber das erste Heft des Zollhandbuches druckfertig vorzulegen. Redner gibt der Hoffnung Ausdruck, dass der am Vorabend seitens des geschäftsführenden Ausschusses veranstaltete Empfangsabend den Mitgliedern Gelegenheit gegeben haben werde, sich mit Vertretern der Behörden und mit hervorragenden Persönlichkeiten des öffentlichen Lebens, Reichs- und Landtagsabgeordneten über die schwebenden Fragen auszusprechen. Er weist kurz darauf hin, dass der am Schlusse des Vorjahres erfolgte Abschluss einer Interessengemeinschaft mit den beiden grossen Industrievertretungen, dem Centralverband deutscher Industrieller und dem Bunde der Industriellen, für die praktische Handelspolitik bezw. für die Kreise der Interessenvertretung und der Industrie überhaupt bedeutsam genannt werden könne. Auch über diese

Frage werde später des weiteren berichtet werden. Schliesslich macht Redner die Mitteilung, dass zu seinem und gewiss zum lebhaften Bedauern der Versammlung der stellvertretende Vorsitzende Herr Geheimrat L. M Goldberger durch einen Trauerfall in seiner Familie am Erscheinen behindert sei.

Der Vorsitzende schlägt nun vor, nach den Bestimmungen der Tagesordnung zunächst die internen geschäftlichen Angelegenheiten der Centralstelle im engeren Kreise der Mitgliedschaft zu behandeln, die weitere Kreise interessierenden Referate aber unter Zuziehung von Gästen öffentlich zu erstatten.

Es wird in die Tagesordnung eingetreten. Das Wort erhält zunächst der Direktor zur Erstattung des

Geschäftsberichts.

Herr Dr. **Vosberg-Rekow**: Die uns vorliegende reichhaltige Tagesordnung macht es mir zur Pflicht, den Geschäftsbericht möglichst kurz zu fassen; eine ausführliche Bearbeitung des gesamten Materials würde den Rahmen dessen übersteigen, was uns an Zeit und Mitteln zur Verfügung steht. Unsere Tätigkeit während der Berichtsperiode ist wiederum naturgemäss eine ruhige, nach Innen gerichtete gewesen und hat sich nur insofern in der Oeffentlichkeit vernehmen lassen, als es der handelspolitische Aufklärungsdienst gegenüber gewissen Zweifelsfragen erforderlich gemacht hat. Da die Arbeiten der Centralstelle satzungsgemäss sich jeder politischen Betätigung fernhalten, auch in das Getriebe der Parteikämpfe nicht eingreifen sollen, mussten sie sich nach Abschluss der zunächst vorliegenden 7 Handelsverträge solange auf das zolltechnische Gebiet zurückziehen, als die Lösung der noch ausstehenden grossen handelspolitischen Probleme nicht näher gerückt ist. Hier steht in erster Linie die Vorbereitung der Herausgabe des Zollhandbuches, dessen Anfangsheft Ihnen druckfertig vorliegt und über dessen Zustandekommen, Ziel und Inhalt ich noch später die Ehre haben werde, Ihnen ausführlich zu berichten.

Der Verkehr mit der Mitgliedschaft ist ein verhältnismässig lebhafter gewesen. Er hat sich gegen Ende der Berichtszeit sogar über den Kreis der Mitglieder heraus ausdehnen müssen; insbesondere die Auskunftserteilung hat an Umfang nicht unwesentlich zugenommen. Gleich nach Veröffentlichung der neuen Verträge haben wir uns angelegen sein lassen, für alle uns angeschlossenen Industriebranchen besondere Zusammenstellungen der in den Verträgen behandelten Zollsätze anzufertigen und diese, unbeschadet einer ausgedehnten Spezialkorrespondenz, unseren Mitgliedern zugängig zu machen. Desgleichen haben wir zahlreiche Anfragen beantworten müssen, welche den Uebergang in die neuen Zollverhältnisse betrafen. Wir haben bei ihrer Beantwortung häufig mit den Zentralbehörden Fühlung nehmen und deren Entscheidung in einzelnen Fällen herbeiführen müssen. Zahlreiche Mitglieder und Nichtmitglieder haben Anfragen darüber an uns gerichtet, ob man die Kaufverträge, welche vor Inkrafttreten der neuen Verträge abgeschlossen seien, noch nach dem 1. März 1906 berücksichtigen werde, so zwar, dass die vorher bestellten Waren unter den alten Zollsätzen eingehen dürfen, auf deren Grundlage die Preiskalkulation seiner Zeit vorgenommen worden sei. In dieser Beziehung herrscht heute noch nicht völlige Klarheit. Bis vor kurzem waren sich auch die Zentralbehörden nicht einig darüber, wie man verfahren solle. Erst in der letzten Zeit hat man sich dahin resumiert, dass jeder solche Fall unter Berücksichtigung der jeweiligen Rechtslage besonders behandelt werden müsse, dass es aus diesem Grunde richtig sei, wenn sich die Interessenten unter Vorlegung des Beweismaterials an die zuständigen Steuerbehörden, in Preussen an die Provinzialsteuerdirektoren, wenden und diese dann dem Bundesrat entsprechende Vorlage machen. Nach den gesetzlichen Bestimmungen ist der Bundesrat befugt, je nach Lage des einzelnen Falles die Zollnachlässe anzuordnen. Eine grosse Beunruhigung haben in Interessentenkreisen die zahlreichen Gerüchte hervorgerufen, welche über den Stand unserer

Vertragsverhandlungen mit den Vereinigten Staaten in die Oeffentlichkeit gelangt sind. Man befürchtet allgemein den Ausbruch eines Zollkrieges, man nimmt vielfach Vorschläge, die in dieser Beziehung in Amerika gemacht sind, als fertige Dinge und glaubt, jenseits des Ozeans sei bereits ein gegen den Dingley-Tarif in seinen Maximalsätzen erhöhter Doppeltarif festgesetzt. Gerade das Geschäft mit Amerika und insbesondere der Import von Materialien und Halbfabrikaten von dort erfordert in vielen Artikeln langfristige Abschlüsse. Es ist selbstverständlich, dass die an solchen Importgeschäften beteiligten deutschen Importeure mit grosser Besorgnis einem Zollkriege entgegensehen und darauf hinweisen, dass ihre Preiskalkulation auf lange Zeit hinaus mit den jetzigen Verhältnissen gerechnet hat. Es ist bedauerlich, dass in dieser Beziehung die bestehende Ungewissheit nicht behoben ist und dass wir vermutlich in die neuen wirtschaftspolitischen Verhältnisse werden eintreten müssen, ohne dass unser handelspolitisches Verhältnis zu den Vereinigten Staaten eine ausreichende Klärung erfährt.

Ein merkwürdig geringes Interesse hat sich innerhalb unserer Mitgliedschaft für den Abschluss eines Vertrages mit Argentinien gezeigt. Es scheint so, dass das deutsche Publikum von der Entwicklungsfähigkeit der deutschen Ausfuhr gerade nach diesem Lande bisher nur einen sehr unvollständigen Begriff hat.

Verschiedene grössere wirtschaftspolitische Verbände haben es für angezeigt gehalten, sich im Hinblick auf die vor dem 1. März cr. vermutlich anschwellende Einfuhr mit den Verkehrsbehörden in Verbindung zu setzen und bei diesen auf den erhöhten Bedarf von Betriebsmitteln hinzuweisen. Wir haben von einem gleichen Vorgehen Abstand genommen, nachdem unsere Mitgliedschaft mit uns der Ueberzeugung ist, dass unsere Verkehrsunternehmungen, staatliche, und private, aus sich selbst heraus die zu erwartende Fürsorge dürften getroffen haben.

Im übrigen sind eine Anzahl Spezialfragen in der Berichtszeit bearbeitet worden, die bald ganze Gruppen unserer Mitgliedschaft, bald einzelne Firmen beschäftigt haben. Hierher gehört beispielsweise der Hinweis der Importfirmen auf die Möglichkeit der Einführung eines Ausfuhrzolles auf Eisenerze aus Schweden. Wir haben das uns auch aus Schweden selbst durch Exporteure zugängig gemachte bez. Material dem Staatssekretär des äusseren Amtes zur ev. Verwertung bei den Vertragsverhandlungen rechtzeitig übermittelt. Mit den Vereinigten Staaten von Amerika haben wir uns wiederholt beschäftigen müssen. Es handelte sich hierbei u. a. um Fälle von Willkürlichkeiten der amerikanischen Appraiser, bei denen wir verschiedentlich genötigt waren, die Vermittlung der amerikanischen Konsulate in Anspruch zu nehmen. Auch mit dem Philadelphia-Museum, daneben aber mit dem Staatsdepartement in Washington selbst haben wir dieserhalb in Verhandlung gestanden. Die Vorzugszölle für amerikanische Waren in Kuba und deren Einfluss auf den deutschen Export haben wir zum Gegenstand von Betrachtungen und Verhandlungen machen müssen. Das amerikanische Urheberrecht mit seinen bedauerlichen Mängeln zum Nachteil deutscher Firmen hat uns desgleichen wiederholt beschäftigt. Eine Zeit lang haben wir auch geglaubt, Materialien für den Abschluss eines Tarifvertrages mit Frankreich sammeln zu sollen. Es ist nämlich im Laufe des Jahres 1905 verschiedentlich in Paris in den Kreisen der Parlamentarier sowohl, als der Interessenten eine Bewegung zutage getreten, welche auf Aufhebung unseres Meistbegünstigungsvertrages mit Frankreich und auf Ersetzung desselben durch einen modernen Tarifvertrag hinzielten. Zwecks Behandlung desselben Gegenstandes haben wir sogar den Besuch französischer Politiker hier in Berlin empfangen. Es scheint indessen, dass diese Frage anderen Fragen der inneren Politik in Frankreich hat Platz machen müssen und dass das Interesse für den Gegenstand zurzeit wieder abgeflaut ist. Dass der Abschluss eines Tarifvertrages mit Frankreich dem beiderseitigen Interesse entspräche, liegt auf der Hand. Unsererseits kann indessen diese Materie wohl erst dann ernsthaft in Angriff genommen werden, wenn sich die Bereitwilligkeit, auf dem gleichen

Wege vorzugehen, in Frankreich deutlicher gezeigt hat. Wir haben des weiteren uns befasst mit der Einführung neuer Akzisegebühren in Belgien, desgleichen mit der zollamtlichen Behandlung von Oeldruckbildern in demselben Lande; Bulgarien brachte ein neues Gesetz über die Behandlung der Geschäftsreisenden; der neue schweizerische Tarif ergab Zweifelsfragen bezüglich der Tarifierung von Maschinen; selbst der ferne Osten trat in den Kreis der handelspolitischen Aktion: so wurde Material über den Warenzeichenschutz in Japan und über die Behandlung deutscher Waren in der Provinz Schantung erarbeitet. Auch Brasilien gab uns durch verschiedene Zollerhöhungen Veranlassung zur Fühlungnahme mit den zuständigen Behörden. Eine Reihe von Gegenständen aus dem Bereiche der inländischen Handels- und Zollpolitik ist ebenfalls in den Bereich unserer Arbeit getreten, die Verzollung von Reklamekarten und andere mehr. Das Inkrafttreten des neuen rumänischen Zolltarifes hat vielfach zu Verwirrungen Veranlassung gegeben und verschiedentliche Verhandlungen mit dem Auswärtigen Amte notwendig gemacht. Dem Reichsamte des Innern haben wir ein ausserordentlich entgegenkommendes Eingehen bei der Beratung und Entscheidung in kleineren Zollfragen zu danken. Diese Behörde hat uns auch zur Teilnahme an einer Konferenz eingeladen, welche über die zweckmässigste Art der Weitergabe der vertraulichen Mitteilungen beraten hat.

Die Erteilung von Zollauskünften nimmt einen immer breiteren Raum in unserer Tätigkeit ein. Sie hat sich während der Berichtszeit erstrecken müssen auf folgende Artikel: Wasserglas in Italien, Zoll auf Sumach, Graphitschmelztiegel, Reisstärke, Ultramarin, Pulver und Sprengstoffe, Pinsel und Bürstenbinderwaren, Blei, Zinkweiss, Quebrachoholz, Baumwolle, Maschinen, Lithopone, emaillierte Blechwaren, Morphium, Karbid, Accumulatoren, Glasröhren, Bleiglätte, Stahlfedern, Kupfer und Kupferlegierungen, Schneiderkreide, Eisenwaren, Werkzeuge, Natronsalpeter, Anilinöl, Anilinsalze, Corichrom, Fichtennadelextrakt, Wollpuppen, Farben mit Beimischung von Anilin, Mikroskope, Prismen, Ferngläser, Holzpappe, Buchweizen, Trikotwaren, ungehobelte Kistenbretter, Ammoniak, Teeröl, flüssige Kohlensäure, Gasöl, Kupfervitriol, Ceresin.

Aus unserer Arbeit heraus haben wir, wie in den früheren Jahren, versucht, die Hilfe der Presse für die Aufklärung gewisser, weitere Kreise interessierender handelspolitischen Fragen in Anspruch zu nehmen, eine Hilfe, die uns auch in liebenswürdiger Würdigung des objektiven Charakters unserer bezüglichen Mitteilungen von der gesamten Tagespresse in ausgedehntem Masse zuteil geworden ist. Wir haben über folgende Themata Mitteilungen ausgegeben:

Zum Uebergang in die neuen Zollverhältnisse.

Zur Kündigung des Meistbegünstigungsvertrages mit Argentinien.

Ueber das bestehende Vertragsverhältnis mit den Vereinigten Staaten.

Eine Lücke im Handelsvertragsrecht.

Zum Boykott amerikanischer Waren in China.

Die Ungleichheit der Zollbelastung in Deutschland und in den Vereinigten Staaten.

Zum deutsch-bulgarischen Handelsvertrag.

Zur Kündigung des deutsch-spanischen Handelsvertrages.

Zum neuen norwegischen Zolltarif.

Die Handelspolitik der Schweiz gegenüber Amerika.

Zur Durchführung der neuen Tarifverträge.

Zur Frage der Zolltrennung von Oesterreich-Ungarn.

Zum neuen rumänischen Zolltarif.

Zum Entwurf eines neuen statistischen Warenverzeichnisses.

Zum Wettbewerb auf dem südamerikanischen Markte.

Zur kommerziellen Expansion der Vereinigten Staaten.

Ueber die Erschwerung des Exports durch die Wertverzollung in Amerika.

Zum neuen russisch-französischen Handelsvertrag.

Die neuen rumänischen Zollsätze.

Zum Eisenbahnstreik in Russland.

Das handelspolitische System Frankreichs.

und andere mehr.

Gelegentlich der Aufstellung unseres Planes für das neue Zollhandbuch haben wir in Konferenzen im Reichsamt des Innern und an anderen Stellen uns wenigstens die sachliche Unterstützung der Reichsverwaltung sichern können. Wir haben bei dieser Gelegenheit erkannt, dass auch nach Abschluss der bisherigen Handelsverträge nicht nur eine grosse Reihe weiterer Verträge zu bearbeiten ist, sondern dass auch insbesondere die neuen Grundlagen, auf welche die zollpolitische Gebahrung die Geschäftswelt nunmehr gestellt hat, die Lösung von Aufgaben erfordern, die geeignet sind, unsere Organisation weit über den Rahmen der ihr leider in beschränktem Umfange zur Verfügung stehenden Mittel hinaus in Anspruch zu nehmen. Dass sich aus dieser Erwägung heraus ergebende Arbeitsprogramm ist in seinen Grundlinien im Vorwort zu dem Zollhandbuch behandelt worden. Ich werde in meinem späteren Referate kurz darauf zurückkommen. Ich nehme diese Gelegenheit wahr, diejenigen unserer Mitglieder, welche durch Auskunft, Anteilnahme und Anregung diese Arbeit gefördert haben, unseren Dank zu sagen. Ich gebe zugleich der Hoffnung Ausdruck, dass unsere wenig auffallende, aber doch gewiss nützliche Arbeit auch künftig in immer weiteren Kreisen Unterstützung und Beachtung finden möge.

Der Vorsitzende stellt den Geschäftsbericht zur Debatte.

Von mehreren Seiten wird beantragt, die Aussichten, welche wir für Ordnung des handelspolitischen Verhältnisses mit den Vereinigten Staaten haben, etwas eingehender zu erörtern. Vom Vorstandstische wird berichtet, dass die Chancen, welche für eine beide Teile befriedigende Lösung der hier gestellten Aufgabe vorhanden sind, leider wenig günstige genannt werden können. Die Vereinigten Staaten haben bisher gegen Gewährung der durch die Sektion III des Dingley-Tarifes eingeräumten Vorteile die sogenannte Meistbegünstigung, d. h. die Ermässigungen des gesamten deutschen

Konventionaltarifes genossen. Ein Fortbestand dieses Verhältnisses muss als unmöglich bezeichnet werden. Gerade Amerika selbst hat an Stelle des Meistbegünstigungsprinzipes für seine handelspolitische Gebahrung dasjenige der Reziprozität gesetzt. Es wäre billig und gerecht, letzteres auch auf das Verhältnis zu Deutschland anzuwenden. Die Deutsche Regierung hat sich zu entsprechenden Verhandlungen bereit erklärt und eine Reihe den amerikanischen gleichwertigen Konzessionen in Aussicht gestellt. Sie hat sogar angeboten, den durch die Handelsverträge nicht gebundenen Zollsatz auf Mais, an welchem Amerika ein lebhaftes Interesse hat, zu ermässigen; sie soll sich für den Bedarfsfall auch bereit erklärt haben, einige weitere Gruppen von Produkten in den Bereich der Abmachung zu ziehen und die Differenzierung des Konventionaltarifes eintreten zu lassen, so z. B. für Schmieröl etc. Allein bisher hat man in Amerika diesem Entgegenkommen gegenüber wenig Geneigtheit zu gerechter Auffassung der Sachlage gezeigt. Man nimmt an, Deutschland soll sich am Ende bereit finden lassen, für die winzigen Konzessionen der Sektion III wiederum seinen gesamten neuen Konventionaltarif zu gewähren. Man erklärt sich freilich bereit, die bei der Verzollungspraxis unterlaufenden Unzuträglichkeiten zu beseitigen. Indessen erscheint es zweifelhaft, ob der Präsident, dessen Ingerenz in handelspolitischen Fragen im übrigen bei uns wesentlich überschätzt wird, imstande sein wird, eine wirkliche Modifikation oder eine wirkliche Beseitigung der auf diesem Felde beklagten Uebelstände durchzusetzen. Auch die Zollpraxis ist durch die bestehende Gesetzgebung in ihren Grundzügen festgelegt. So kann man annehmen, dass Konzessionen auf diesem Gebiete wenig mehr bedeuten würden, als Versprechungen, die hernach kaum verwirklicht werden können. Eine völlige Umformung der Zollgesetzgebung der Vereinigten Staaten aber, insbesondere ein Zurückweichen vom System des zumeist prohibitiven Hochschutzzolles, ist nicht zu erwarten, solange die Standpatters die Situation beherrschen und damit die Gesetzgebung in der Hand haben. Es ist unzweifelhaft, dass auch in den Vereinigten Staaten zahlreiche

Geschäftsgruppen vorhanden sind, die ein lebhaftes Interesse daran haben, einen so guten Kunden, wie Deutschland, in angenehmer Stimmung zu erhalten und Zwistigkeiten handelspolitischer Natur zu vermeiden. Allein der Einfluss dieser Gruppen hat sich nicht als ausreichend erwiesen; auch ist die öffentliche Meinung in den Vereinigten Staaten über die Wichtigkeit des in Frage stehenden Problems einseitig und ungenügend orientiert. Amerika hält sich zurzeit für wirtschaftlich stark genug, um zwecks Durchsetzung seiner ungerechtfertigten Ansprüche auf uns einen Druck auszuüben. Wenngleich weder wir noch die amerikanische Regierung einen Zollkrieg herbeiwünschen, wäre es doch würdelos und weder unseren ökonomischen Interessen noch unserer politischen Stellung entsprechend, wenn unsere Regierung den amerikanischen Prätensionen ohne weiteres Raum gäbe. Das einzige, was unter den gegebenen Verhältnissen erstrebenswert wäre, ist, mittelst eines in den Gründzügen und Einzelpositionen angemessenen Provisoriums über die gegenwärtige ungünstige Lage hinwegzukommen.

Herr **Max Bendix** teilt mit, dass ihm von seinen amerikanischen Geschäftsfreunden der Hinweis zugegangen sei, man möge die noch schwebenden Geschäfte alsbald abwickeln: bald nach dem 1. März 1906 erscheine der Ausbruch eines Zollkrieges unvermeidlich. Im übrigen werde man sich dahin zu resumieren haben, das Ergebnis der Verhandlungen, welche zurzeit noch in der Schwebe wären, abzuwarten und durch keinerlei Demonstrationen die Ruhe zu stören. Es sei anzunehmen, dass die Regierung über die Wünsche und Bedürfnisse unserer Interessenten hinreichend orientiert sei.

Es folgt nunmehr die Behandlung des Punktes 2 der Tagesordnung:

Kassenbericht, Entlastung des Vorstandes und Aufstellung eines Haushaltsplanes.

Der Vorsitzende weist darauf hin, dass die Generalversammlung des Jahres 1904 erst im Dezember und dabei gleichzeitig die Rechnungsprüfung für das Jahr 1903 stattgefunden habe, während zurzeit dieser Versammlung die Rechnung pro 1904 noch nicht abgeschlossen war. Durch Verlegung der gegenwärtigen Generalversammlung in die ersten Monate des Jahres 1906 sei es möglich gewesen, die Jahresrechnung für das Jahr 1905 gleichfalls abzuschliessen, so dass die Prüfung sich nunmehr auf die Rechnung der Jahre 1904 und 1905 zu erstrecken habe. Der Voranschlag sei aufzustellen für das Jahr 1906.

Herr **Max Bendix**: Die Rechnungen der Centralstelle sind zunächst von einem Bücherrevisor geprüft und nachher zur nochmaligen Ueberprüfung einem vereidigten Bücherrevisor vorgelegt worden. Dieser hat unterm 17. Januar die Richtigkeit der Rechnung bescheinigt. Die in der Generalversammlung vom 6. Dezember 1904 berufenen Revisoren, Geheimer Kommerzienrat Julius Pintsch und meine Wenigkeit, haben die Rechnung einer eingehenden Prüfung unterworfen. Uns sind laut dem von uns zu den Akten erstatteten ausführlichen Revisionsbericht vorgelegt worden.

I. Die Nachweisung der Einnahmen, bestehend in:
   1. Beitragsliste für 1904 und 1905,
   2. Sonstiges Einnahmebuch,
   3. Postanweisungs - Coupon - Aktenstück (Postabschnitte),
   4. Nachweisung der Restanten.

II. Die Nachweisung der Ausgaben, bestehend in:
   1. Kassenjournal pro 1904 und pro 1905,
   2. Spezielles Portobuch,
   3. 10 Kontobücher über die einzelnen Haushaltstitel,
   4. 10 Aktenstücke mit den entsprechenden Belägen,
   5. Kontokorrent der Dresdener Bank,
   6. Abrechnung für 1904 und 1905,
   7. Zusammenfassende Nachweisung über die Ausgaben bei den einzelnen Haushaltstiteln.

III. Das Journal über Ein- und Ausgänge.

Es wurde zunächst die Aufstellung der Einnahmen an der Hand der Mitgliederliste und des vorhandenen Aktenmaterials sowie der vorgelegten Nachweisung der

Restanten nachgerechnet und geprüft. Es ergab sich hierbei, dass der Verbrauch der Berichtsjahre jeweilig gegen den Voranschlag um je ca. 1000 M. zurückgeblieben ist.

Wir bemerkten im Protokoll, dass wir die Revision durch Stichproben vorgenommen, die Zahlen der Abschlüsse aber im einzelnen geprüft haben.

Wir haben zur Anerkennung der Richtigkeit der vorgelegten Rechnungen die Schlussrechnung unterzeichnet und beantragen die Entlastung des Vorstandes.

Die Versammlung beschliesst demgemäss. Der Vorsitzende spricht im Namen der Versammlung den Revisoren den Dank aus. Die Versammlung wählt für das Geschäftsjahr 1906 wiederum die Herren Fabrikbesitzer Max Bendix und Geheimen Kommerzienrat Julius Pintsch ausserdem aber Herrn Kommerzienrat Oskar Lohse zu Kassenrevisoren.

Herr Dr. **Vosberg-Rekow** verliest hierauf den Entwurf eines vom grossen Ausschuss genehmigten Voranschlages für das Jahr 1906. Die Unterlagen sind dem geschäftsführenden Ausschuss vorgelegt, von ihm geprüft und als geeignet für die Begründung des Voranschlages anerkannt worden. Dem Vorstande soll freie Hand gelassen werden, die Gesamtsumme je nach Bedürfnis auf die einzelnen Etatsposten zu verteilen. Die Versammlung beschliesst unter Genehmigung des Voranschlages demgemäss.

Es wird sodann zu Punkt 3 der Tagesordnung, der

Wahl des grossen Ausschusses

geschritten. Die bisherigen Mitglieder werden wiedergewählt, ausserdem wird

die Zuwahl

folgender Herren:

Kommerzienrat Haensel-Pirna.
Kommerzienrat Röll-Aue.
Dr. Trumpler, Syndikus der Handelskammer Frankfurt a. M.
Fabrikbesitzer Ehrich Müller-Benrath.
Fabrikbesitzer Hans Leyendecker-Köln.

Fabrikbesitzer Netter-Berlin.
Direktor Adolf Müller-Berlin, (Akkumulatorfabrik A.-G.)
Direktor John Guttsmann-Berlin.
Hermann Eckstein, Vorstandsmitglied des Vereins Hamburger Assecuradeure, Hamburg.
Kommerzienrat Hugo Jordan-Berlin.
Konsul Adolf Nachod-Grunewald.
Fabrikbesitzer Adolf Lindgens-Mülheim a. R.
E. Heuer, (Chemische Fabrik Cotta-Dresden).
Generaldirektor C. Müller (Vereinigte Köln-Rottweiler Pulverfabriken).
satzungsgemäss genehmigt.

Der Vorsitzende schliesst sodann den geschäftlichen Teil der Sitzung und lädt die Mitglieder und die unterdessen erschienenen Gäste ein, nunmehr in öffentlicher Sitzung in die Fortsetzung der Tagesordnung einzutreten.

Der Vorsitzende, Herr Dr. **C. A. von Martius** begrüsst die erschienenen Gäste, entschuldigt und bedauert nochmals, dass der stellvertretende Vorsitzende Herr Geheimer Kommerzienrat Goldberger durch einen an diesem Morgen eingetretenen Trauerfall an der Teilnahme behindert sei, und teilt zunächst zur Geschäftsordnung mit, dass Herr Direktor O. Wenzel durch die fast gleichzeitige Tagung der Generalversammlung der Chemischen Industrie mit Arbeit derart überhäuft worden sei, dass er das Referat über „Die handelspolitischen Beziehungen zu England" habe absagen müssen, zumal ihm der Termin der heutigen Versammlung erst vor kurzer Zeit bekannt gegeben worden sei. Redner bedauere diese Behinderung, weil gerade im gegenwärtigen Augenblicke die öffentliche Aufmerksamkeit im hohen Grade auf das Verhältnis zwischen England und Deutschland gerichtet sei, und es angesichts des auf diesem Gebiete vielfach festzustellenden Ueberschwanges interessant gewesen wäre, an der Hand wirtschaftspolitischer Tatsachen und statistischer Zahlenreihen die überragende Wichtigkeit des Handelsverkehrs zwischen beiden Ländern miteinander nachzuweisen. Die Bedeutung der wirtschaftlichen

Werte, welche im Verkehr zwischen England und Deutschland umgesetzt würden, sei so gross, dass es keiner Resolutionen und besonderen Kundgebungen bedürfe, um die deutsche Interessentenwelt in Handel und Industrie darauf aufmerksam zu machen; hier spreche das Gewicht der Tatsachen, und dieses sei so gewaltig, dass es schon an und für sich und trotz gewisser chauvinistischer Anwandlungen ein dauerndes, auch politisches Einvernehmen der beiden grossen Nationen gewährleiste. An Stelle des Herrn Wenzel sei ein Referat des Herrn Dr. Vosberg-Rekow über „Die Lage des ostasiatischen Marktes" in Aussicht genommen.

Das Wort erhält nun Herr Dr. Vosberg-Rekow zu Punkt 4 der Tagesordnung über

„Interressengemeinschaften in Handel und Industrie."

Herr **Dr. Vossberg Rekow**: Meine Herren! Wo sich in diesen Wochen Angehörige des Handels und der Industrie mit Politikern oder Volkswirtschaftspolitikern zusammen finden, dürfte lebhaft die Frage erörtert werden, was die am 1. März d. Js. beginnende neue handelspolitische Aera nicht nur jedwedem Interessenten für sein Spezialgebiet, sondern auch der Gesamtheit der deutschen Volkswirtschaft bringen kann. Gibt es doch Beurteiler der Situation, welche sich zu der Behauptung versteigen, dass der 1. März 1906 für das deutsche Wirtschaftsleben eine tiefgehende Cäsur bedeutet, dass man sich vor diesem Zeitpunkte in einer Periode handelspolitischer Liberalität befunden habe, und dass man nunmehr im Begriff stehe, abgewendet von den bisherigen Grundsätzen, einer exportfeindlichen und nach innen gekehrten Politik sich zuzuwenden. Diese volkswirtschaftliche Gruppe sieht schon der nächsten Zukunft mit Bangen und Besorgnis entgegen. Aber auch die Gegner solcher Anschauungen sind nicht gerade zum Frohlocken aufgelegt. Sie empfinden sehr wohl, dass die agrarische Abschlusspolitik, an der sie sich beteiligt und der sie den Steigbügel gehalten haben, der Grundrichtung unserer Entwicklung, die durchaus als eine weltpolitische bezeichnet werden darf, zuwiderläuft. Sie waren überzeugt, dass eine stärkere Betonung des nationalen Charakters unserer Produktionen insbesondere für das weite und in Deutschland noch hoch wichtige Gebiet der Landwirtschaft notwendig sei. Dieser Notwendigkeit nachzugehen erschien ihnen als ein Opfer; sie haben dieses Opfer gebracht nicht ohne eine gewisse Besorgnis, ob nicht an dieser Stelle zurzeit zuviel und zur Unzeit aufgeopfert sei.

Wir werden uns mit den gemässigten wirtschaftlichen Anschauungen, denen unsere Gruppe seit ihrer Begründung angehängt hat, dieser letzt geschilderten Besorgnis auch unsererseits nicht entschlagen können. Wir werden aber nicht so weit zu gehen haben, dass wir die Zukunft unheildrohend heranrücken sehen und uns so anstellen, als sei in der Tat der grosse deutsche Ausfuhrhandel hinfort vor eine Existenzfrage gestellt. Gewiss geht er schweren Zeiten entgegen. Die politisch links stehenden Gruppen aber, welche auch die Wirtschaftspolitik von gewissem Parteistandpunkte aus betrachten, haben sich zweifellos den Blick durch die hinter uns liegenden Kämpfe trüben lassen; sie haben vergessen, dass das Agrariertum, seine Anstrengungen und Siege nicht allein für das verantwortlich zu machen ist, was sich heute auf dem Weltmarkte vorfindet, und, indem sie der Regierung Unverstand, Kurzsichtigkeit, ja selbst Gewissenlosigkeit vorwarfen, vermögen sie nicht, sich von der Strahlenbrechung ihrer politischen Parteibrillen frei zu machen. Es kann zum mindesten nicht oft genug gesagt und wiederholt werden, dass der Ablauf der bisherigen Handelsverträge auch ohne hohe Schutzzölle und gar Minimalzölle für Getreide zu einer Korrektur der zollpolitischen Gebahrung im Sinne eines grösseren Abschlusses der einzelnen Staaten gegeneinander geführt hätte. Gerade wir in Deutschland haben unsere Wirtschaft, soweit sie die Verpflechtung mit der Weltwirtschaft zum Ziele hatte, kraftvoll und rasch emporwachsen sehen. Parteipolitiker sind zu der Annahme bereit, dieses Wachstum gewissen grundsätzlichen Massregeln zuzuschreiben. Obgleich dieselben Leute sich bei Abschluss der

Caprivi'schen Handelsverträge ausserordentlich wenig befriedigt gezeigt haben, haben sie sich später daran gewöhnt, diese Verträge als eine Art Panacée zu preisen; sie erblicken in ihnen eine Marschroute in das gelobte Land des idealen Freihandels, und wenn unsere Wirtschaft während der Periode dieser Verträge vorangekommen ist, so sind sie überzeugt, dies sei zu danken deren „freihändlerischem Charakter."

Tatsächlich liegen die Gründe für unser Ansteigen keineswegs in erster Linie auf dem Gebiete des handelspolitischen Systems. Oder hat man vergessen, wie gerade diejenigen Industriezweige, welche an der Eroberung der Welt durch den deutschen Handel in erster Linie beteiligt sind, an sich sowohl nach technischen, als nach wirtschaftlichen Gesichtspunkten betrachtet, eine ganz hervorragende Entwicklung genommen haben. Das gesammte Ausland bewundert und besucht nach Möglichkeit unsere technischen Schulen und Hochschulen. Es würde zu weit führen, hier darzulegen, was auf diesem Gebiete Erspriessliches, Förderndes, ja Massgebliches für die jüngste Industrieentwicklung geleistet ist. Wer selbst im industriellen Leben steht, wie Sie, meine Herren, wird sich dessen bewusst sein, durch eine unendliche Reihe kleiner und grosser technischer Fortschritte und Erfindungen sein Gewerbe vorangebracht zu haben. Dass wir beispielsweise die Verfahren des Buntdruckes in einer Weise vervollkommnet haben, die uns für dieses Gebiet die ganze Welt als Kunden und Käufer zuführen musste, ist der Tüchtigkeit der auf diesem Felde arbeitenden Industriellen und Techniker in weit höherem Grade zuzuschreiben, als handelspolitische Erwägungen. Nicht nur an dieser, sondern auch an zahlreichen anderen Stellen, welche hier besonders aufzuführen zu lang sein würde, lässt sich der Nachweis erbringen, dass die deutsche Industrie nicht lediglich mit Hilfe der Ermässigungen der Caprivi'schen Handelsverträge in die Konkurrenzgebiete der Länder des Wettbewerbes Bresche geschlagen hat, sondern dass im Gegenteil grosse deutsche Erfolge an denjenigen Stellen zu suchen sind, an welchen die an sich gewiss vorzüglich wirkenden Caprivi'schen Verträge überhaupt nicht in Betracht kommen. Deutschland hat Neues und deshalb Grosses hervorgebracht. Dieses Neue war vielfach den eigenen Tarifen gegenüber heterogen; es konnte unbehindert seinen Weg in der Welt suchen, da es vielfach tarifarisch noch nicht richtig erfasst worden war.

Die Länder unseres Wettbewerbes haben unserem Fortschritte nicht neidlos zugesehen. Sie fassten, als sie uns wachsen sahen, sicherlich den Entschluss, die glänzenden Gewinne, die wir auf den neu angebauten Gebieten in die Tasche steckten, auch sich zu eigen zu machen und sich ihren künftigen Anteil durch den Bau gewisser Zollmauern zu sichern. So kommt es, dass wir bei Ablauf der gegenwärtigen Handelsvertragsperiode fast alle Konkurrenzländer damit beschäftigt fanden, sich gerade gegen diejenigen Gebiete des Welthandels durch Erhöhung der Zollschranken abzugrenzen, auf denen der deutsche Export glänzende Erfolge erzielt hat. Diese Abwehr wäre zweifellos auch erfolgt, wenn es in Deutschland nicht eine agrarische Agitation auf höhere Getreide- und Lebensmittelzölle gegeben hätte. Aus diesem Grunde soll man sich hüten, alles, was uns heute aus den erhöhten Zolltarifen der fremden Länder angedroht wird, als Reflex unserer inneren agrarischen Agitation anzusehen.

Ich bin mit Ihnen und wahrscheinlich mit Ihnen allen der Ansicht, dass die agrarische Agitation masslos war und weit über die berechtigten Ziele hinausgeschossen ist; ich bin mit Ihnen der Ansicht, dass sie den Eifer des Auslandes, sich abzuschliessen und die Gegner zurückzudrängen, angespornt und erhöht hat; ich bin mit Ihnen der Ansicht, dass die Situation, in welche wir durch die agrarischen Erfolge heute gedrängt sind, keine erfreuliche, sondern eine ernste ist, die zu Bedenken Anlass gibt. Aber ich hoffe, wiederum mit Ihnen allen übereinzustimmen, wenn ich der Ansicht Ausdruck verleihe, dass unsere Lage nicht geradezu hoffnungslos sei, und dass auch unter den neuen Verhältnissen die Kraft und Tüchtigkeit unserer nationalen Arbeit ihren Platz und zwar einen hervorragenden Platz auf dem Weltmarkte behaupten wird. Man möge nicht vergessen, dass die Hindernisse, welche in den erhöhten Zollschranken der glatten Abwicklung der Weltmarktgeschäfte in den Weg treten, allenthalben und für alle anderen Nationen aufgestellt sind, und dass der Wettbewerb als solcher sich naturgemäss unter ungefähr den gleichen Verhältnissen vollziehen wird, wie vordem.

Es ist vielen unbegreiflich und unrichtig erschienen, wie man unter Preisgabe des Freihandelsprinzips auch unsere Industriezölle im neuen Zolltarif auf der ganzen Linie erhöhen konnte; wir sind dazu einfach durch den Umstand gezwungen worden, dass das Ausland gerade diese Art der Zölle im vollen Bewusstsein der Abwehr gegen unsere überlegene Kraft erhöht hat und dass, wenn wir anders bei handelspolitischen Verhandlungen einen Effekt erzielen wollten, wir in der Lage sein mussten uns teuer zu verkaufen. Man kann sogar sagen, unsere Regierung habe hier an manchen Stellen nicht genug getan. Bei diesem Bestreben ist an falschen Stellen ein grosser Ueberschuss der Zollerhöhungen mit untergelaufen; freilich wird dieser Uberschuss auf den Markt verstimmend einwirken; freilich werden einzelne Industriezweige gewisse Erschütterungen erfahren, ähnlich denjenigen, welche ein Teil der kontinentalen Industrie hat durchmachen müssen, als damals die Vereinigten Staaten von Nordamerika rücksichtslos zur Hochschutzzollpolitik übergingen. Wir, als Freunde der Handelsvertragspolitik, werden diese Hemmungen unserer Kraft gewiss nicht mit Beifall begrüssen; aber wir sollen uns doch hüten, aus den Unannehmlichkeiten, mit denen sie uns bedrohen, heraus Misswollen und womöglich Feindschaft gegen diejenigen Produktionsgruppen im eigenen Lande herzuleiten, welche teils zielbewusst, wie die Agrarier, teils gewissermassen automatisch, wie gewisse Industriegruppen, den Zollerhöhungen zugestimmt haben. Es ist leicht, auf die Missstände der gegenwärtigen Situation hinzuweisen; aber ich glaube, dass es auch ohne die Uebergriffe der argrarischen

Agitation nicht gelungen wäre, ein wesentlich anderes handelspolitisches Zukunftsbild herbeizuschaffen.

Vor allen Dingen aber möge man sich hüten, angesichts der Schwierigkeiten der neuen Situation durch Anfeindung zur Rechten und zur Linken weitere Schädigungen hervorzurufen. Die Beschuldigung und Befehdung gewisser Gruppen wegen der Dinge, welche in der Vergangenheit geschehen sind, ist nicht nur zwecklos, sondern sie ist sogar schädlich. Man hat behauptet und behauptet noch heute, dass ohne Mitwirkung oder Zustimmung der Rheinisch-Westfälischen Gross-Industrie die Agrarier ihren Willen nie hätten durchsetzen können. Den Beweis für diese Behauptung aber hat bisher niemand antreten können. Wohl aber hat es sich vor, während und nach der agrarischen Agitationsperiode deutlich gezeigt, dass diese Produktionsgruppe zum mindesten im grössten deutschen Bundesstaate einen Einfluss besitzt, der ungebrochen und einzig in seiner Art dasteht. Es hat sich aber darüber hinaus gezeigt, dass diese Gruppe einer Geschlossenheit und Einmütigkeit fähig ist, welche offenbar als die Mutter ihrer Erfolge bezeichnet werden muss, und deren bedauerlichen Mangel in den Kreisen des Handels und der Industrie wir konstatieren mussten.

Und es gewinnt den Anschein, als ob dieser bedauerliche Mangel auch heute nach der Schlacht wiederum seine Rolle spielen soll. Nicht einmal die Misslichkeit der Lage, welche die nächste Zukunft heranbringt, ist imstande, den Zwiespalt in den Kreisen der Industrie völlig zu beseitigen. Wenn es nach dem Rezept gewisser parteipolitischer Kreise ginge, so wäre der Haupteffekt wirtschaftspolitischer Tätigkeit heute weiterhin gegenseitige Beschuldigung, erbitterter Vorwurf und spaltende Verhetzung. Es ist die alte Eigentümlichkeit des theoretisierenden Deutschen dass er zwar imstande ist, einen Gedankengang zu erfassen und in seinen Konsequenzen glänzend auszugestalten, es aber immer und immer noch nicht versteht, aus den Produkten seines Geistes ein Medium zu erzeugen, dass, von Fall zu Fall angewendet, die Praxis seiner Arbeit befruchten hilft.

So wie die politischen erbärmlichen kleinen Parteien einander befehden und beschimpfen, so möchten gewisse Leute auch die wirtschaftliche Interessentenwelt in analoge Partikelchen zerlegt und gegeneinander aufgebracht sehen. Wer aber die tiefer liegende Gemeinsamkeit der Interessen erkennt und sie über gewisse alt hergebrachte Maximen emporhebt, der gilt unseren Leuten als ein Verräter am Prinzip und womöglich als ein Verräter seiner Ueberzeugung.

Wir, meine Herren, haben uns auf diesen Standpunkt nicht drängen lassen. Die handelspolitischen Kämpfe haben eingesetzt in einer Periode, bei deren Beginn die einzelnen Gruppen der Produktion leider geringe Fühlung miteinander besassen. Bei dem Kampfe aller gegen alle, der alsbald anhob, ist es auch innerhalb der industriellen Interessenvertretung zu erbitterten Streitereien und zu manch scharfem, wenn auch nicht immer nützlichen Gefecht gekommen. Heute sind die Tage des Streites vorüber. Nichts wird in der nächsten Zukunft eine so starke Einwirkung auf unser inneres Wirtschaftsleben ausüben können, als die Neugestaltung der Weltmarktsverhältnisse. Keine Industrie, als grosses Ganzes aufgefasst, und kaum ein Industriezweig, sei er noch so klein und beschränkt, wird heute in Deutschland vorgefunden, der nicht ein direktes oder indirektes Interesse an der kräftigen Weiterentwicklung unseres Ausfuhrhandels besässe. Alle Industriezweige haben das gemeinsame Interesse, sich bei der Einarbeitung in die neuen Verhältnisse gegenseitig nach Möglichkeit zu fördern und zu stützen. Wenn in gewissen Branchen die Erzeuger des Rohstoffes und des Halbfabrikats den Erzeugern der Fertigindustrie in ihren zollpolitischen Wünschen und Anforderungen widersprechend gegenüber gestanden haben, wenn sich Erzeuger und Verbraucher gewisser Produkte in der zurückliegenden Zeit stellenweise heftig befehden mussten, — heute ist das Objekt dieser Kämpfe geschwunden, das Ergebnis des gesamten zollpolitischen Streites liegt vor uns, und es bleibt uns die Aufgabe, uns mit dem Ergebnisse abzufinden. Das gewaltige Interesse, welches alle Zweige des deutschen Handels und der deutschen Industrie an der Fortentwicklung der Ausfuhr haben, ist allen industriellen Kreisen gemeinsam. Und über dieses Interesse hinaus erheben sich düsterer und bedenklicher gemeinsame Gegner und Feinde zur Rechten und zur Linken, welche die Industrie und den Handel mit nicht misszuverstehender Deutlichkeit darauf hinweisen, wie nötig es für sie und ihre Interessenvertretung ist, endlich einmal einig zu sein. Die agrarische Agitation mit ihrer einmütigen Energie und seltenen Geschlossenheit hat uns allen zum mindesten imponiert. Mit ähnlicher Energie und ähnlicher Rücksichtslosigkeit stehen auf der anderen Seite die Arbeitermassen zusammen, und die Zeit ist nahe herbeigekommen, in welcher die soziale Frage auch für die Handelspolitik eine Frage von allererster Bedeutung werden wird. Nur die Industrie und ihre Interessenvertretung, vom Handel ganz zu schweigen, ist bisher für das Erfordernis einer Gemeinsamkeit teils uninteressiert, teils direkt feindselig aufgetreten. Man hat mit Recht behauptet, dass die industrielle Produktionsgruppe diejenige sei, welche der deutschen Intelligenz zur höchsten Ausbildung verholfen habe. Nun gerade in dieser Gruppe finden sich auch in ihrer ganzen und zersetzenden Wirkung die Fehler, welche die geistige Entwicklung der Deutschen zu jeder Zeit als nationale Fehler aufgewiesen hat.

Meine Herren! Wenn Sie mir in diesen Erwägungen folgen wollen, so werden Sie es auch verstehen, dass die drei grossen allgemeinen Interessenvertretuugen der Industrie, der Centralverband deutscher Industrieller, der Bund der Industriellen und unsere Centralstelle, das in der zurückliegenden Zeit vielfach mit Schärfe und Eifer gehandhabte Kriegsbeil begraben haben, so werden Sie es auch verstehen, dass wir bemüht gewesen sind, mit den übrigen grossen industriellen Interessenvertretungen ein Zusammengehen zu finden, wenigstens, unter Zurücksetzung vorhanden gewesener Differenzen, in denjenigen Fragen, in welchen die Industrie grosse allgemeine Interessen auf dem Spiele sieht. Ist es nicht natürlich, dass die Centralstelle, welche in nunmehr achtjähriger

Arbeit bestrebt war, den handelspolitischen Aufklärungsdienst zu ihrer Spezialität auszubilden, angesichts der herandrohenden, neuen schwierigen Verhältnisse bestrebt ist, ihre Erfahrungen möglichst der gesamten Industrie zur Verfügung stellen? Und darf es nicht als erfreulich bezeichnet werden, dass die anderen grossen industriellen Gruppen gleichfalls unter Hintansetzung etwaiger abweichender Anschauungen mit uns zusammengehen wollen, wenn es gilt, den grossen handelspolitischen Fragen der Interessentenwelt eine einheitliche und wuchtige Vertretung zu schaffen? Ihr geschäftsführender Ausschuss und Ihr Vorstand, meine Herren, haben in dem Abschlusse einer Interessengemeinschaft zwischen den drei grossen Verbänden einen wesentlichen Erfolg auf dem Gebiete der inneren Volkswirtschaftspolitik erblickt; sie haben mit Freude in die zu beiden Seiten gebotene Hand eingeschlagen und treten heute vor Sie hin mit der Bitte, die Grundlagen einer solchen Vereinigung richtig zu erkennen und gleichfalls mit Beifall zu begrüssen. Es hat nicht an Gehässigkeiten gefehlt, die Unverstand über den Abschluss dieser Interessengemeinschaft ausgegossen hat Auch persönlicher Neid und ähnliche kleinliche Gesichtspunkte haben dabei mitgewirkt; kurzsichtige Auffassungen haben uns imputiert, als hätten wir durch Abschluss dieser Gemeinschaft unsere Grundsätze — ich möchte wissen, aus welchen Gründen — aufgeopfert. Weil der Centralverband deutscher Industrieller grösser und umfangreicher als unsere Centralstelle ist, war es für solch törichte Leute ausgemacht, dass wir von ihm gewissermassen verschluckt, an die Wand gedrückt und aus der Welt geschafft werden müssten. Man hat mir gesagt: „Von jetzt ab werdet Ihr doch stets majorisiert werden, sobald Ihr etwas nicht Schutzzöllnerisches unternehmt!" Ja, die Leute, welche heute noch auf dem Standpunkte stehen, dass Freihandel und Schutzzoll die beiden grossen wirtschaftspolitischen Kategorien seien, mit denen lohnt es sich wohl nicht mehr zu rechten. Dass wir von unserer Selbständigkeit bei unserer Vereinigung auch nicht ein Jota aufgegeben haben wissen Sie, und das ist selbstverständlich:

dass wir die Gemeinschaft nicht derart abgeschlossen haben, dass innerhalb derselben irgend welche Majoritätsbeschlüsse und Abstimmungen erfolgen können, werden Sie nicht bezweifeln. Wir hoffen aber, dass Sie mit uns verstehen werden, von welch' unendlicher Wichtigkeit für das wirtschaftliche Leben des Landes es werden muss, wenn es endlich gelingt, auch der Industrie eine einheitliche Interessenvertretung zu schaffen. Heute ist diese einheitliche Interessenvertretung noch nicht vorhanden auch unsere Gemeinschaft repräsentiert sie noch nicht. Wir sind auch nicht optimistisch genug, anzunehmen, dass die Einheitlichkeit heute und morgen erstehen werde; aber wir sind glücklich darüber, dass es doch wenigstens gelungen ist, zu einer solchen Vereinigung einen bemerkenswerten Ansatz zu machen, und dass es insbesondere gelungen ist, aus den Industriekreisen heraus das gegenseitige Misswollen und die gegenseitige Anfeindung zu entfernen, die bisher nicht der Ausgangspunkt grosser Erfolge gewesen sind. Wenn eine gewisse Gruppe schimpfend und lästernd zur Seite geblieben ist und sich so gebärdet, als sei sie allein übrig geblieben, um die Fahne der handelspolitischen Freiheit hoch zu halten, so wollen wir dieser Gruppe ihre kleinliche Stellungnahme nicht verkümmern; wir wollen ihr gegenüber auch nicht gleiches mit gleichem vergelten; wir wollen nicht einmal der Ueberzeugung Ausdruck geben, dass diese Gruppe in sich selbst zerfallen würde, wenn ihre Glieder sich alle bewusst wären, in welch kleinliches Parteifahrwasser man sie führen will. Freuen wir uns der Opposition, denn sie gibt uns die Ueberzeugung, dass unser Vorgehen richtig ist! Denn diejenige Gruppe der deutschen Industrie, welche unter Ignorierung der wirklichen und tatsächlichen Verhältnisse um des theoretischen Prinzips willen die praktische Politik verschmäht, hat noch nirgends in der Welt irgend welche tatsächlichen Erfolge zu verzeichnen gehabt. Sie hat sich wohl so gebärdet, als wären ihr Erfolge zuzuschreiben; sie hat die zurückliegenden Handelsverträge, die bekanntlich nichts weniger als freihändlerische waren, alsbald als die ihrigen bezeichnet, nachdem der Erfolg konstatiert war; sie wird zweifellos auch die gegenwärtige und kommende handelspolitische Periode als die ihrige bezeichnen, wenn wir nach einigen Jahren die Schwierigkeiten des Ueberganges überwunden haben und den stolzen Bau des deutschen Ausfuhrhandels zu neuem Wachstum emporbringen werden.

Freuen Sie sich, meine Herren, mit uns darüber, dass heute wenigstens ein Ansatz dazu gemacht scheint, die gesamte Industrie zu einer einheitlichen Gruppe zusammenzustellen; dass alsbald Kämpfe herandrohen werden, welche die neue Waffenbrüderschaft erst wertvoll gestalten und ihr einen wesentlichen Inhalt geben werden, das zu befürchten und zu erhoffen, liegt nur zu nahe. Die Industrie und der Handel sind Dank fleissiger Arbeit und aufgewandter Energie auch in ihren vereinzeltstehenden Branchen und Gruppen stark gewesen und vorwärts gekommen. Seidem aber die übrige gesamte Produktion oder die übrigen sozialen Gruppen unter Zurückstellung innerer Zwistigkeiten sich in grosse, weit umfassende Heerhaufen gegliedert haben, bleibt es auch die höchste Aufgabe der Industrie, sich zu besinnen auf die grosse Gemeinsamkeit ihrer Interessen.

Meine Herren! Lassen Sie mich schliessen mit einem banalen, aber gerade für die gegenwärtigen Betrachtungen nicht zu umgehenden Satze: „L'union fait la force.“ Einigkeit tut Not, wenn irgend wo, so angesichts der hereindrohenden schweren Stunden in den Kreisen des deutschen Handels und der deutschen Industrie. (Lebhafter Beifall und allseitige Zustimmung.

Herr **Dr. C. A. von Martius**: Wir danken dem Herren Referenten für seine eingehenden Ausführungen; er hat im wesentlichen dem Gedankengange Ausdruck gegeben, der uns alle bei Abschluss der Interessengemeinschaft geleitet hat. Ich stelle das Referat zur Debatte.

Herr Generalsekretär **Bueck**: Der Herr Referent hat davor gewarnt, die rein handelspolitischen Fragen vom parteipolitischen Standpunkte aus zu betrachten und zu behandeln. Darin bin ich mit dem Herrn Referenten vollständig einverstanden, denn ich habe genügend Gelegenheit gehabt, die üblen Folgen zu beobachten, die aus einer derartigen Behandlungsweise hervorgegangen sind. Weniger einverstanden bin ich mit der etwas optimistischen Auffassung des Herrn Referenten über die neuen Handelsverträge und deren voraussichtliche Wirkung. Ich habe die Ueberzeugung, dass die Exportindustrie im allgemeinen in eine recht schwere Lage versetzt werden wird. Von amtlicher Seite hat man betont, dass die Energie und Leistungsfähigkeit der deutschen Techniker, der Industriellen und Kaufleute die Schwierigkeiten überwinden werden. Diese Anerkennung könnte in gewissem Sinne als erfreulich angesehen werden, aber es steht doch dahin, ob das gewünschte Resultat wird ermöglicht werden können, und ob es den so hart getroffenen Industrien möglich sein wird, ihre Stellung auf dem auswärtigen Markte wie bisher zu wahren, geschweige denn zu erweitern.

Der Redner geht dann auf die neuen Tarife und Vertragsverhandlungen mit den anderen Staaten des Näheren ein. Der Herr Referent habe behauptet, dass die starke Erhöhung der Zölle in den anderen Ländern lediglich mit Rücksicht auf die von Deutschland so wesentlich erhöhten agrarischen Zölle verursacht worden sei. Dieser Ansicht könne er nicht zustimmen.

Die anderen Staaten wie die Schweiz, Italien, Oesterreich-Ungarn, Russland hätten von Hause aus ihre neuen Tarife mit so überaus hohen Zollsätzen ausgestattet, lediglich mit Rücksicht auf den Umstand, dass neue Vertragsverhandlungen mit Deutschland geführt und zum Abschluss gebracht werden müssten. Für diese Verhandlungen hätten sie sich in ihrem Tarife starke und kräftige Waffen und Werkzeuge schaffen wollen. In dieser Beziehung habe die deutsche Regierung mit weniger Voraussicht und Klugheit gehandelt. Welche Veranlassung habe die deutsche Regierung gehabt, schon in dem Entwurf für den neuen Zolltarif einige 80 Positionen unter dem gegenwärtig geltenden deutschen Vertragstarif zu normieren. Wenn man die Begründung dieses Zolltarifentwurfes lese, so finde man ein Argument in häufiger Wiederholung immer wieder. Es werde bezüglich des betreffenden Artikels gesagt: „die Einfuhr habe abgenommen oder die Einfuhr sei gering und daher erscheine es notwendig oder zulässig, den bestehenden Zoll zu ermässigen." Redner glaubt, die Argumentation hätte anders und zwar so lauten sollen: „Da die Einfuhr des betreffenden Artikels abgenommen habe bezw. gering geworden sei, deshalb sei anzunehmen, dass der Zoll seine Pflicht getan habe, er sei daher beizubehalten." Jedenfalls sei keine Veranlassung vorhanden gewesen, so viele Zollsätze bereits aus eigenem Antriebe und vor dem Eintritt in die Verhandlungen so wesentlich zu ermässigen. Wenn man die Ermässigung für notwendig gehalten habe, so würde man besser getan haben, sie als Zugeständnis bei den Vertragsverhandlungen zu verwerten. Die Verhandlungen selbst und deren Ergebnisse hätten auf ihn den Eindruck gemacht, als wenn die deutschen Unterhändler noch von der Freihandelslehre befangen gewesen seien, dass Handelsverträge nur abgeschlossen würden zu dem Zwecke, eine Herabsetzung der eigenen Zollsätze herbeizuführen. Uebrigens könne er dem Herrn Referenten nicht Recht geben, wenn er behauptet habe, dass der neue deutsche Zolltarif so wesentliche Erhöhungen für Industriezölle enthalte. Der Herr Referent habe hervorgehoben, dass der rheinisch-westfälischen Industrie die Schuld dafür zugeschoben werde, dass den Agrariern so wesentliche Zugeständnisse in den deutschen Tarifen und in den neuen Handelsverträgen gemacht worden seien. Die rheinisch-westfälische Industrie sei eng mit dem Zentralverbande deutscher Industrieller verwachsen; wenn diese Beschuldigung richtig wäre, so würde sie auch auf den Zentralverband zutreffen. In Wirklichkeit lägen die Sachen aber doch wesentlich anders.

Der grosse wirtschaftliche Aufschwung des Handels, der Industrie und besonders des Exports, dessen sich Deutschland seit der Mitte des letzten Jahrzehnts des vorigen Jahrhunderts zu erfreuen gehabt habe, sei im wesentlichen zurückzuführen auf die Caprivi'schen Handelsverträge. Diese seine

Ansicht habe er, der Redner, sich niemals gescheut, offen auszusprechen, ebensowenig aber habe er verhehlt, dass er die damalige Herabsetzung der Getreidezölle für einen Fehler gehalten habe. Zunächst behaupte er, dass die in verhältnismässig grossen Schwankungen sich vollziehende Preisgestaltnng für Getreide, insbesondere für Brotfrüchte, wenig oder garnicht beeinflusst werde. Diese Behauptung hier ziffermässig zu beweisen, sei ihm nicht möglich, es würde auch der Ort hier nicht dazu sein. Den Beweis habe er aber an anderer Stelle unwiderleglich gegeben. Diesem Umstande möge es auch zuzuschreiben sein, dass die höheren Getreidezölle anderer Länder, wie beispielsweise in Frankreich, von der Bevölkerung willig getragen werden. Dann aber sei allgemein bekannt, dass die damalige Vorberatung und die Durchführung der Herabsetzung der Getreidezölle in dem Vertrage mit Oesterreich-Ungarn sich so vollzogen habe, dass sie als Zugeständnis bei der Vertragsverhandlung nicht habe verwertet werden können. Die damalige Herabsetzung der Getreidezölle aber habe die grosse agrarische Bewegung hervorgerufen, die zu so schweren Kämpfen, zu der so schweren Belastung des Konsums geführt habe, die agrarische Bewegung, die jetzt wie ein Alp auf der ganzen Nation laste. Uebrigens müsse er hervorheben, dass der Centralverband, in der Erkenntnis des damals gemachten Fehlers, sich nur für die Erhöhung der Getreidepreise auf die Höhe des Minimalzolles festgelegt habe. Die Erhöhung der Zölle auf andere Nahrungsmittel habe er niemals befürwortet.

Die neugeschlossene Interessengemeinschaft zwischen der Centralstelle für Vorbereitung von Handelsverträgen, dem Bunde der Industriellen und dem Centralverbande deutscher Industrieller habe er freudig bagrüsst und warm befürwortet, denn er wisse aus Erfahrung, was Einigkeit in der Industrie und Zwiespalt in derselben bedeute. In den 70er Jahren seien die Begriffe Freihandel und Schutzzoll, Fragen die vom Standpunkte der wirtschaftlichen Zweckmässigkeit zu beurteilen gewesen, gänzlich mit der Politik verquickt worden; der Freihandel galt als die Verkörperung liberaler Anschauung, der Schutzzoll als die Betätigung der schwärzesten politischen Reaktion. Wegen der politischen Gegensätze sei damals der Kampf zwischen Freihandel und Schutzzoll in so überaus erbitterter und feindseliger Weise geführt worden. Heute gebe es bedingungslose Freihändler in dem damaligen Sinne nicht mehr. Die wenigen, die sich vielleicht noch auf diesen Standpunkte stellten, seien ohne Gefolgschaft und ohne Einfluss. Damals in den 70er Jahren, als es galt, die Wendung der in die Bahnen des bedingungslosen Freihandels geratenen Handelspolitik zu mässigen Schutzzoll durchzuführen, war die Industrie, soweit sie sich am öffentlichen Leben beteiligte, einig. Die Produzenten von Rohmaterialien, Halbfabrikaten und fertigen Erzeugnissen gingen Schulter an Schulter, und diesem Umstande sei es zu verdanken gewesen, dass sich die Regierung dem von dem Centralverbande deutscher Industrieller aufgestellten Entwurfe für einen neuen autonomen Zolltarif zuwendete, der wahrlich nicht als hochschutzzöllnerisch bezeichnet werden kann. Bei den Kämpfen, die diesmal dem neuen Tarif und dem Abschluss der neuen Handelsverträge vorhergingen, sei es dem Centralverbande nicht gelungen, die damalige Einigkeit herbeizuführen, namentlich sei dies nicht bei der Textilindustrie gelungen, die in den 70 er Jahren vollkommen geschlossen vorging. Dieses Mal schied sie sich in verschiedene Gruppen; die Weber kämpften gegen die Spinner; auch unter den Webern war Einigkeit nicht vorhanden, und dieser Uneinigkeit in der Industrie ist es zuzuschreiben, dass namentlich einzelne Zweige der Textilindustrie mit schwerer und berechtigter Sorge in die Zukunft blicken, dass überhaupt die Industrie auf der ganzen Linie als geschlagen angesehen werde müsse. Das ist die Folge der Uneinigkeit. Daher habe er, der Redner als der Gedanke, die erwähnte Interessengemeinschaft abzuschliessen an ihn herantrat, alles, was die Vergangenheit an Unanehmlichkeiten gebracht habe, abgeschüttelt, es liege hinter ihm begraben und er habe sich aufrichtig und freudig der Gemeinschaft zugewandt, da mit dieser der Anfang gemacht worden sei, eine grössere Einigung in der Industrie herzustellen. Ganz richtig habe der Herr Referent darauf hinzuweisen, dass jeder Vereinigung die volle Selbständigkeit erhalten bleiben soll. Man wolle zur Beratung von Fragen, von denen die Gesamtinteressen der Industrie berührt werden, zusammentreten, und, wenn eine Uebereinstimmung der Ansichten zu erzielen sei, gemeinschaftlich das als richtig erkannte Ziel verfolgen. Dabei könne selbstverständlich von einer Abstimmung oder Majorisierung nicht die Rede sein. Sei eine Verständigung nicht zu erzielen, so werde jede Vereinigung selbstverständlich nach ihrem Ermessen und ihrer Ueberzeugung verfahren. Aber in diesem Vorgehen werde der Kampf gegen die anderen, werde jede Gehässigkeit vermieden werden, um auch in diesem Falle den Grundgedanken der Zusammengehörigkeit und Einigkeit hervortreten zu lassen. In diesem Sinne glaubt er, dass die geschlossene Interessengemeinschaft wohl geeignet sei, der deutschen Industrie, die sich weniger Freundschaft und Befürwortung in den anderen Bevölkerungskreisen zu erfreuen habe, gute Dienste zu leisten und dass dieselbe von Jedem freudig begrüsst werden müsse, der es gut mit der deutschen Industrie und dem deutschen Wirtschaftsleben meine. (Lebhafter Beifall.)

Herr Generalsekretär **Dr. Wendlandt**: Meine Herren! Auch ich kann dem Herrn Referenten zu seinen Ausführungen nur meine vollste Zustimmung aussprechen. Es ist verwunderlich, dass der Oeffentlichkeit der Zusammenschluss insbesondere des Bundes der Industriellen mit den anderen beiden grossen Vereinigungen überraschend kam. Der Bund der Industriellen hat von vornherein als eine der Grundforderungen seines Programmes diejenige aufgestellt, dass nach Möglichkeit eine Vereinigung der gesamten industriellen Interessenvertretungen angestrebt werden solle. Gleichzeitig hat der Bund der Industriellen sich bestrebt, in erster Linie die Fertigindustrie zu organisieren. Die Industrie der Rohstoffe und Halbfabrikate besass im Centralverband Deutscher

Industrieller bereits seit langer Zeit eine zweckmässige Organisation. Dagegen waren die zahlreichen kleineren, insbesondere die sogenannten Spezialindustrien zerstreut und infolge ihrer Vereinzelung nicht in der Lage, den für ihre Bestrebungen notwendigen Einfluss zu gewinnen. Der Bund der Industriellen ist bemüht gewesen, diese Kreise zu organisieren; allein es ist mit Nachteilen verbunden, man kann sogar sagen, es ist unnatürlich, wenn sich Erzeuger und Verbraucher innerhalb einer Industriebranche in allen Fällen feindlich gegenüber stehen. Schon im Jahre 1898 haben wir eine Anregung zum Abschluss einer gemeinsamen Aktion gegeben. Es möge mir erlassen sein, hier die Gründe anzuführen, aus denen der Zusammenschluss damals gescheitert ist. Es mag richtig sein, dass ein solcher Zusammenschluss in der Tat erst erfolgen konnte, nachdem der Ausgleich gewisser Interessen innerhalb der einzelnen Gruppen vor sich gegangen war. Auch unsere Gruppe hielt es für falsch, die Agrarzölle wieder auf einen Platz heraufzurücken, auf welchem sie früher gestanden haben. Wir glauben auch nicht, dass die Erhöhung unserer Agrarzölle die alleinige Veranlassung der Erhöhung der Industriezölle des Auslandes gewesen ist. Ich bin vielmehr geneigt anzunehmen, dass der Wendepunkt für den Uebergang zu einer Art Schutzzollpolitik in Europa ein Ereignis war, das ausserhalb des Rahmens der europäischen Handelspolitik lag: nämlich die Erstellung des Dingley-Tarifes. Dieser Tarif hat alle übrigen Staaten gezwungen, auch ihrerseits zu Zollerhöhungen zu greifen. Hätten die europäischen Staaten damals zusammengehalten, wie sie es eigentlich heute tun müssten, so wäre es vielleicht anders gekommen. So aber standen beim Abschluss der letzten Handelsverträge unsere Unterhändler überall vor unmöglich hohen Zollsätzen. Auch ich halte es für eine Uebertreibung, wenn man behauptet, unsere Exportindustrie sei durch die neuen Verträge geradezu in Frage gestellt. Mit Recht hat der Referent die Wichtigkeit der technischen Fortschritte betont. Es wird Aufgabe unserer Interessengemeinschaft sein, diesem Gedanken, dass sich die Industrie nicht dürfte entmutigen lassen, weiterhin zu Einfluss und Verbreitung zu helfen. Ich begrüsse insbesondere als ein Ziel der Interessengemeinschaft eine weitergehende Klärung der handelspolitischen Machtverhältnisse innerhalb der wirtschaftlichen Produktion. (Bravo!)

Es erhält nunmehr das Wort zn Punkt 5 der Tagesordnung über das

„Zollhandbuch für den internationalen Warenverkehr“.

Herr **Dr. Vosberg-Rekow**: Meine Herren! Wir haben die Ehre gehabt, Ihnen das erste Heft unseres Zollhandbuches für den internationalen Warenverkehr im Druck vorzulegen, nachdem wir den Plan für diese umfassende, schwierige Arbeit unserer Mitgliedschaft bekannt gegeben und nach Billigung desselben durch die führenden Instanzen in die Arbeit selbst eingetreten waren. Wir haben indessen die Empfindung, dass man sich weder ausserhalb noch innerhalb der Interessenvertretung der ausserordentlichen Schwierigkeiten bewusst ist, welche mit der Schaffung eines solchen Werkes verbunden sind. Angesichts des Umstandes, dass uns diese Aufgabe voraussichtlich noch für eine lange Zeitdauer beschäftigen und in den Mittelpunkt unserer Tätigkeit rücken wird, sei es mir gestattet, Sie mit der Natur dieser Schwierigkeiten etwas näher bekannt zu machen. Die Grundlage der gesamten Arbeit ist eine möglichst umfassende Beschaffung autentischen Materials. Schon hier beginnen die Schwierigkeiten. Viele der ausländischen Tarife sind überhaupt in deutscher Uebersetzung noch nicht zur Verügung; von anderen existieren nur aus privater Initiative hervorgegangene Uebersetzungen; von wieder anderen existieren amtliche Ausgaben und Bearbeitungen, die, wenn sie rechtzeitig erlangt werden können, ihrerseits wiederum Unstimmigkeiten enthalten. Auch das ursprünglich von Handelsstellen herstammende Material ist nicht vollständig und vor allen Dingen nicht immer richtig. Es gibt wohl kaum ein Gebiet, auf welchem man so zahlreichen Irrtümern und Fehlgriffen ausgesetzt ist, wie auf diesem. Handelt es sich doch in den meisten Fällen nicht um etwas durch die Gesetzgebung einfach gegebenes, sondern um ein Material, das unter der Voraussetzung einer ausgedehnten technischen, naturwissenschaftlichen und ethnographischen Kenntnis interpretiert werden muss. Wenn es sich nur darum handelte die Tarifsätze verschiedener Länder für eine Reihe von Artikeln bestehenden Tabellen zu entnehmen und vergleichend neben einander zu stellen, wäre freilich die Aufgabe leicht und die Arbeit beinahe getan. In der Tat liegt aber die Sache ganz anders. Ich will Ihnen das an einem Beispiel klar zu machen suchen. Vor etwa Jahresfrist traten die Interessenten der chemischen Industrie und die Interessenten der Papierindustrie an uns heran, und forderten eine Auskunft über die Verzollung je eines bestimmten chemischen Produkts und eines Nebenprodukts der Papierindustrie bei der Einfuhr nach Spanien. An behördlicher Stelle vermochte man diese Auskunft ohne weiteres ebenso wenig zu erteilen, wie wir auf Grund des uns bereits vorliegenden Materials. Wir wandten uns nun an das Deutsche Generalkonsulat in Spanien und erbaten dessen Vermittlung. Nachdem auch dieser Weg trotz des freundlichsten Entgegenkommens des Generalkonsuls sich als unergiebig erwiesen hatte, traten wir mit der spanischen Generalzolldirektion in direkte Beziehung. Nach mehrfachem Hin- und Herschreiben erteilte uns das spanische Finanzministerium den Rat, die beiden Artikel in Proben nach Spanien einzuführen: dann erst werde man in der Lage sein, die Entscheidung der betr. Zollstelle nachzuprüfen und in höherer Instanz autoritativ zu bestätigen. Sie sehen, meine Herren, wie wenig einfach die hier gestellte Aufgabe ist. Es kommen die zahllosen Schwierigkeiten der richtigen Uebersetzung technischer Ausdrücke hinzu. Selbst ganz harmlose Artikel können in dieser Beziehung zu den weitgehendsten Zweifelsfragen Veranlassung geben. Nehmen Sie eine so einfache Ware wie Oelsamen oder Oelfrüchte. In einer

Reihe von Tarifen wird Sonnenblumensamen als Sämerei und zwar nicht bei den Oelfrüchten, in anderen Tarifen dagegen wird dieser Artikel als Oelfrucht aufgeführt. Andere ähnliche Artikel, wie z. B. Bucheckern, schwanken in den einzelnen Tarifen zwischen ölhaltigen Früchten und ölhaltigen Sämereien hin und her. Wenn man nun in Betracht zieht, dass aus der verschiedenartigen Auffassung der beiden Begriffe eine entsprechend verschiedene Zollbehandlung folgt, so sieht man, dass sich hier wiederum eine umfangreiche Gelegenheit für Fehler und Unrichtigkeiten bietet. Viele fremde Tarife zeigen im technischen Aufbau eine Fassung, die direkte Fehler erkennen lässt. Solche Fehler machen es ungeheuer schwierig, hernach bei einer Zusammenarbeit solcher Tarifierung mit technich richtig interpretierten Gegenständen nicht fehlzugreifen. Bei Verträgen, die schon für eine Reihe von Jahren bestehen, haben zahllose Artikel zollpolitisch eine ganze Naturgeschichte aufzuweisen. Wiederholt ergehen im Laufe der Jahre bezüglich einzelner Waren Tarifentscheidungen höchster Instanzen, die einander nicht selten aufheben und sich widersprechen. Es ist aber mit nicht zu unterschätzenden Schwierigkeiten verbunden, solche Tarifentscheidungen aufzufinden und in dieser Beziehung ein einigermassen vollständiges Material heranzuschaffen. Hier reichen nicht einmal die mit Recht berühmten notes explicatives des französischen Tarifes aus; hier erweisen sich die Warenverzeichnisse meistens gleichfalls als unzureichend. Es kommt hinzu, dass nur eine beschränkte Anzahl von Ländern überhaupt derartiges Material besitzt und sammelt, sodass die Anträge gewisser Handelskörperschaften, welche dahin gehen, dass der Interessenvertretung die Warenverzeichnisse für die Tarife zu billigen Preisen zugängig gemacht werden, bezüglich vieler Länder gegenstandslos sind. Aber mit alledem ist die Zahl der Schwierigkeiten noch nicht erschöpft. Ich greife wiederum ein konkretes Beispiel auf, um Ihnen zu zeigen, wie misslich es ist, gewisse Entscheidungen zu treffen. Auf Grund einer Vormerkung zum alten Handelsvertrag zwischen Italien und Deutschlands einerseits, zwischen Oesterreich-Ungarn und Italien andererseits sollen in Italien Hülsenfrüchte nicht wie andere vegetabilische Erzeugnisse verzollt werden, sondern wie gewisse Getreidearten. Die Zolldifferenz, die sich aus dieser Bestimmung ergibt, besteht nun zwischen zollfrei und 1,15 Lire für den dz. Nun ist zur Zeit, d. h. vom 1. März 1906 ab, der Handelsvertrag zwischen Deutschland und Italien bereits aufgehoben und durch einen neuen ersetzt. Dieser neue Vertrag enthält modifizierte Bestimmungen für Hülsenfrüchte nicht. Man will nun seine Zuflucht zu dem Vertrage zwischen Oesterreich und Italien nehmen. Aber hier ist der alte Handelsvertrag gleichfalls zur Zeit ausser Giltigkeit und durch ein Provisorium ersetzt, der neue spezifische Vertrag aber noch nicht fertig ausgearbeitet. Man steht bei dieser Sachlage also vor der Entscheidung, ob man auf Grund des vorliegenden Materials Hülsenfrüchte als zollfrei eingehen lassen oder mit einem Zoll von 1,15 Lire belasten soll.

Meine Herren! Zu diesen mehr sachlichen Schwierigkeiten kommen zahlreiche technische Schwierigkeiten hinzu. Die Positionen, die zu bearbeiten sind, ergeben ein ungeheures Zahlenmaterial und alle möglichen Münzarten, Masse und eigentümliche Nationalbezeichnungen schwirren durcheinander. Es ist nicht leicht, in einem solchen Wirrwarr, insbesondere auf Grund eines Manuskripts, sich zurecht zu finden und Fehler zu vermeiden. Sind doch auch die amtlichen Publikationen naturgemäss nicht fehlerfrei. Wie Sie wissen, haben wir in der Ueberzeugung, eine ausserordentlich nützliche Arbeit zu leisten, uns an die gesamte Interessenvertretung mit der Bitte um Beistand und Hilfe gewandt. Wir wendeten uns auch an den deutschen Handelstag mit dem Antrage, unsere Arbeit pekuniär und durch Raterteilung zu unterstützen. Nach Vorgang seiner Zollkommission hat der Ausschuss des deutschen Handelstages über die Angelegenheit derzeit beraten. Er gab hierbei der Ansicht Ausdruck, dass die Arbeit, welche wir unternommen haben, eine zwar nützliche aber auch ungemein schwierige sei, dass der Handelstag eine pekuniäre Beihilfe aus dem Grunde nicht leisten könne, weil er dadurch eine Mitverantwortlichkeit für die Gestaltung des Werkes übernehmen würde. Er müsse vielmehr nach Lage der Sache jede Verantwortlichkeit für den Inhalt des Werkes ablehnen; er sei allenfalls bereit, auf Erfordern und Anfrage uns im Einzelfalle auf Grund seiner Materialien zu beraten. Schon die Motivierung des Beschlusses war nicht gerade geeignet, uns die gestellte Aufgabe zu erleichtern. Wir haben diesen Beschluss umsomehr bedauert, als sich aus den Drucksachen des Handelstages ergab, dass sich der Referent u. a. von dem Gesichtspunkte hatte leiten lassen, dass derjenige, der eine solche Arbeit unternehme, auch für die Kosten aufkommen müsse. Indessen war es immerhin Gemacksache und musste dem Ermessen jeder Korporation vorbehalten bleiben, ob sie uns pekuniär unterstützen wolle oder nicht. Nachdem das erste Heft des Werkes in Druck gelegt ist, hat sich das Bureau des Handelstages der Mühe unterzogen, die Arbeit auf Errata und Fehler hin durchzusehen. Es hat sich ergeben, dass in der Tat die Arbeit nicht nur eine Anzahl Druckfehler, sondern auch eine Anzahl tatsächlicher Unrichtigkeiten enthielt. Eine Reihe dieser Unrichtigkeiten ist auf den Umstand zurückzuführen, dass seit dem Abschluss des Heftes neue zwischen Staaten des Auslandes abgeschlossene Verträge bekannt gegeben worden sind, welche die Zollsätze ev. an einzelnen Stellen modifizieren. Wir geben ohne weiteres zu, dass die Behauptung des Handelstages, unsere Arbeit hätte zahlreiche Fehler, richtig ist. Alle sachverständigen Instanzen haben sich mit uns von vornherein gesagt, dass ein gänzlich fehlerfreies Arbeiten auf diesem Gebiete überhaupt nicht möglich sei, und sind weiterhin mit uns einig darüber, dass Irrtümer, Fehler und Unrichtigkeiten, verschiedene Entscheidungen und andere Mängel nur ganz allmählich im Laufe der Zeit aus einem solchen Werke entfernt werden können, so zwar, dass nur eine Mitarbeit der gesamten Interessentenwelt, insbesondere der Interessenvertretungen einer erneuerten Kritik allmählich einen festen und sicheren Boden machen könne. Hätte sich der Ausschuss des Deutschen Handelstages auf den gleichen Standpunkt gestellt, so hätten wir das nur begrüssen können. Allein nachdem der Handelstag sich durch seinen ersten Bescheid ausdrücklich gegen jede Mitverantwortung an dem Inhalt des Buches unter Hinweis auf die dabei unterlaufenden Schwierigkeiten feierlich verwahrt hatte, wäre es natürlich gewesen, wenn er uns gemäss diesem Beschlusse das erarbeitete Material zwecks Korrektur zur Verfügung gestellt hätte. Anstattdessen hat er es abgelehnt, uns dieses Material zu überweisen und ist in der letzten Sitzung seines Ausschusses zu dem Beschlusse gekommen, öffentlich zu erklären, unser Buch enthalte so zahlreiche, leicht vermeidliche Fehler und Unrichtigkeiten, dass er nunmehr den Beschluss fasse, uns keinen Rat in dieser Sache zu erteilen. Meine Herren! Wie gesagt, ich wiederhole, dass wir dem Handelstage und jedermann für eine sachliche Kritik nur zu Danke verpflichtet sein können und dass, je eingehender eine solche Kritik geleistet würde, jemehr sie uns Fehler auszumerzen behilflich wäre, sie desto willkommener genannt werden müsste. Nach vorliegendem Material aber muss ich Ihnen und der Oeffentlichkeit anheim geben zu entscheiden, inwiefern das Vorgehen des Handelstages den Anforderungen der Logik entspricht und weiterhin zu entscheiden, inwieweit dieses Vorgehen demjenigen Grad von Objektivität und Wohlwollen gegenüber der in einer gemeinnützigen Gesinnung unternommenen Arbeit entspricht, welchen man von einer derartigen Körperschaft erwarten kann. (Lebhafter Beifall und Zustimmung).

Meine Herren! Mir ist augenblicklich nicht erinnerlich, auf Grund welcher umfassenden Vorarbeit auf handelspolitischem Gebiete der Handelstag sich veranlasst sieht, die Erteilung eines Rates an uns so hoch einzuschätzen, dass er vor einer solchen Verantwortlichkeit zurückschrecken muss. Wir werden uns durch das Vorgehen des Handelstages nicht irre machen lassen; wir werden unsere Arbeit unter Ausmerzung der bedauerlichen Fehler und unter Berücksichtigung der unterdessen vereinbarten ausländischen Verträge korrigieren, und das erste Heft, dass gewissermassen als ein Muster der Anlage des Werkes herausgegeben war, noch einmal in Druck legen. Wir werden bemüht sein, die Arbeit nach bestem Ermessen und Aufbietung aller uns zur Verfügung stehenden Kräfte durchzuführen. Wir haben uns dabei der dankenswerten Unterstützung der zuständigen Centralbehörden zu erfreuen und sind überzeugt, dass wir bei Mitwirkung der Interessenten ein brauchbares und nützliches Nachschlagewerk zustande bringen werden. Unsere Arbeit wird aber qualitativ um so höher gelingen, je mehr Sie uns durch Mitarbeit und durch Bewilligung von Mitteln in die Lage setzen, auch in weiteren Kreisen aller Branchen jeweilig sachverständigen Rat an uns heranzuziehen und für uns auszunutzen. (Beifall und Zustimmung.)

Es folgt nunmehr Punkt 6 der Tagesordnung.

Der Vorsitzende begrüsst den als Referenten erschienenen geschäftsführenden Vizepräsidenten des deutschen Flottenvereins und erteilt das Wort zur Erstattung des Referats über

„Die Flottenvorlage in ihrer Bedeutung für Handel und Industrie“.

Herr **Generalmajor Keim**: Meine Herren! Der Aufforderung Ihres Vorstandes, über die Flottenvorlage zu referieren, bin ich gern nachgekommen aus sachlichen Gründen. Ich betrachte es aber auch als einen persönlichen Vorzug, vor Männern sprechen zu können, welche wie Sie mit weitem und geschärftem Blick den Zusammenhang erkennen, welcher zwischen dem deutschen Wirtschaftsleben und der Flottenfrage besteht. Welchen ungeheuren Aufschwung das deutsche Erwerbsleben, vor allen Dingen der Handel, genommen hat, geht aus der Ihnen vorliegenden Broschüre „Deutschlands Interessen zur See“, herausgegeben vom Reichs-Marine-Amt, hervor und was die statistisch-technischen Fragen in Sachen unserer Flotte betrifft, so finden Sie alles nähere in dem Ihnen ebenfalls zur Verfügung stehenden Rassowheft E, das bereits in 2 1/2 Millionen Exemplaren in Deutschland verbreitet wurde. Ich darf mich deshalb in rein technischen Fragen kurz fassen.

Wenn vorhin wiederholt angeführt worden ist, dass das deutsche Erwerbsleben ein untrennbares Ganzes bildet und jede Störung in einem Gliede desselben eine Störung der anderen nach sich zieht, also populär ausgedrückt, die Schwindsucht eines Teiles auch die Schwindsucht des Ganzen im Gefolge haben kann, so möchte ich hieran anknüpfend besonders hervorheben, wie es ein unvergängliches Verdienst unseres Kaisers ist und bleibt, Ende der 90er Jahre die Schwindsucht unserer Flotte erkannt und dies seinerzeit in den Worten ausgedrückt zu haben: Bitter not tut uns eine starke Flotte. Die Vorahnung unseres kaiserlichen Herrn, was die grossartige wirtschaftliche Entwickelung Deutschlands zur See angeht, hat sich in jeder Beziehung zutreffend erwiesen. Hat doch unser Handel über See in den letzten 10 Jahren sich um 70 % gehoben. Ganz besonders hervorzuheben ist, dass 93 % des Gesamtseehandels auf den Verkehr mit aussereuropäischen Ländern entfallen. Hieraus geht unwiderleglich hervor, dass unsere ganze wirtschaftliche Entwickelung fortschreitend die aussereuropäischen Gebiete erfasst hat und hierin liegt ohne Zweifel auch die Gefahr von Konflikten auf weltwirtschaftlichem Gebiete, ganz abgesehen davon, dass allein schon die Monroe-Doctrin solche Konflikte in sich birgt. Und wohl nicht umsonst hat Nordamerika eine Flotte gebaut, die schon 1909 fertig sein soll und welche die deutsche Flotte weit überragt an Zahl und Leistungsfähigkeit der Schiffe.

Im übrigen möchte ich darauf hinweisen, dass das kürzlich gefallene Wort: „Der Handel ist der Friede“ nicht zutrifft, selbst nicht einmal völlig in der Form: „Der Handel braucht den Frieden“. Denn alle grossen Handelsmächte sind auch grosse Kriegsmächte gewesen und die Geschichte des Altertums wie des Mittelalters zeigt, wie die grossen Handelsvölker — Griechen, Phönizier, Karthager, Venedig, Genua u. s. w. — ihre Macht stets in langwierigen und blutigen Kriegen durchgesetzt oder infolge derselben verloren haben. Ebenso hat England seine unerreichte Weltmachtstellung in erster Linie seinen siegreichen Seekriegen zu verdanken. England hat seinerzeit mit seiner „Navigation Act“ aller handelspolitischen Gerechtigkeit geradezu ins Gesicht geschlagen, hat es aber in blutigen und langen Seekämpfen mit Holland schliesslich durchgesetzt, dass auf Grund der „Navigation Act“ das englische Schutzzollsystem anderen Ländern gegenüber den Grundstein gelegt hat zu Englands Emporblühen als Handels- und Industriestaat. Es hat auch gegenüber Spanien und Frankreich die Handelsmonopole mit dem Schwerte durchgesetzt und wenn nach 175 jährigem Bestehen die „Navigation Act“ im Jahre 1825 aufgehoben werden konnte und der Freihandel in England zur Blüte kam, so hat es auch diesem Freihandel durch eine mächtige Flotte überall da Nachdruck zu verleihen gewusst, wo sich handelspolitische Schwierigkeiten ergaben.

Es ist also nicht wahr, dass grosse Handelsmächte durch den Frieden emporgekommen sind, nein, ausnahmslos durch den Krieg. Sie konnten allerdings dann im Frieden die Früchte ihrer kriegerischen Anstrengungen gewinnen.

Ferner möchte ich darauf hinweisen, dass eine ganze Anzahl Kriege der letzten Zeit in erster Linie aus handelspolitischen Ursachen entstanden sind — Sezessionskrieg, Krieg zwischen Amerika Spanien, russisch-japanischer Krieg und aus neuester Zeit die Marokkofrage, die ja, wie Sie alle wissen, im verflossenen Jahre leicht dazu führen konnte, dass es zu einem Kriege zwischen Frankreich und Deutschland, höchst wahrscheinlich auch mit England, kam. Diesen Tatsachen gegenüber würde es Vogel Strauss-Politik bedeuten, wenn man die Wehrmacht zu Lande und zu Wasser vernachlässigen wollte, des akademischen Liebhabergedankens wegen, dass zukünftig Kriege eigentlich so gut wie ausgeschlossen seien. An dieser Auffassung können auch die neuesten Sympatiebezeugungen England gegenüber nichts ändern, denn die englische Politik ist, was auswärtige Dinge betrifft, genau dieselbe geblieben, wie sie unter dem offen deutschfeindlichen konservativen Ministerium war, was ja auch in Algeciras zu Tage treten wird, und es war bis jetzt in England ganz einerlei, ob die Regierung konservativ oder liberal war, wenn es sich darum handelte, die Handelsinitiative des Landes gegebenenfalls auch mit dem Schwerte zu verteidigen. Hat doch der liberale Gladstone Alexandrien bombardieren lassen und Egypten gewaltsam erobert.

Ich möchte bei dieser Gelegenheit öffentlich betonen, dass ebenso wie ich, auch die leitenden Männer im Flotten-Verein in keiner Weise sogenannte Engländerfeinde sind. Im Gegenteil bewundern alle England und die Engländer wegen ihres Nationalstolzes und Nationalgefühls, ihres praktischen Sinns für die grosse Politik, und können nur wünschen, dass viele unserer Landsleute nach dieser Richtung dem englischen Beispiel folgen mögen. Ich speziell bin Mitarbeiter der „Cambridge History“ und erachte es als einen Vorzug, an dem von bedeutenden englischen Gelehrten herausgegebenen Werk mitzuarbeiten. Ich habe hierbei auch Gelegenheit gehabt, das loyale und vornehme Wesen der englischen Gelehrten schätzen zu lernen.

Das kann mich aber alles nicht abhalten, als Deutscher die Augen offen zu halten England gegenüber, zumal die Geschichte eine deutliche Sprache redet, was England zu tun fähig ist, wenn es seine handelspolitischen Interessen bedroht glaubt. Und diese sind auch naturgemäss in gewisser Richtung durch Deutschland bedroht, weil Deutschland seine Kundschaft vielfach auf Kosten des englischen Handels ausgedehnt hat. Und wenn es richtig ist, was Dr. Peters neulich ausführte, dass Deutschland bei seinem jährlichen Ueberschuss von 900 000 Menschen gezwungen ist, für diesen Jahresüberschuss jedesmal 10 Millionen Menschen als Abnehmer zu gewinnen, so wird diese Konkurrenz Deutschlands und Englands mit Naturnotwendigkeit zugegeben werden müssen. Bei dieser Sachlage besteht allerdings die Gefahr, dass, wie Geheimrat Helfferich sehr richtig auf dem Kolonialkongress hervorgehoben hat, England, wie schon so oft, auch eines Tages das Schwert in die

Wagschale werfen könnte, um sich seine Handelsüberlegenheit auch Deutschland gegenüber zu sichern.

Zukünftige Kriege werden aber hauptsächlich zur See geschlagen werden, weil über See und zur See die nationalen Handelsinteressen zur Geltung kommen, und da fragt es sich nun, wie ist Deutschland solchen Eventualitäten gegenüber zur See gerüstet? Da muss leider gesagt werden: schlecht! Und es muss ferner gesagt werden: Leider ändert auch die neue Vorlage an diesem unbefriedigenden Zustand unserer Marine nur sehr wenig. Die Grundlage der deutschen Flotte bildet das Flottengesetz von 1900. Dasselbe leidet jedoch an verschiedenen grossen Mängeln: Vor allem daran, dass dieses Gesetz für den Ausbau der Flotte viel zu lange Fristen bemessen hat. Unsere Flotte soll hiernach erst im Jahre 1921 fertig sein. Andere Staaten kennen solche lange Fristen nicht: Japan hat seine Flotte, welche imstande war, die russische zu schlagen, in 8 Jahren erbaut; Nordamerika baut seine Flotte in 9 Jahren aus. Aehnlich liegt es in England und Frankreich, welche ebenfalls eine grosse Verstärkung ihrer Flotten in viel kürzerer Zeit vorgenommen haben bezw. vornehmen. In Frankreich hat der Marineminister ausdrücklich erklärt, er würde sich auf ein langfristiges Flottengesetz nicht einlassen, weil es sonst nicht möglich wäre, in gegebener Zeit eine moderne Flotte zur Stelle zu haben. Ferner sind die Bauzeiten der einzelnen Schiffe, wie sie das Flottengesetz vorsieht, viel zu lang. Wir bauen an unseren grossen Schiffen 26—40 Monate, bis sie seefertig sind; in England baut man als Maximum 24 bis 28 Monate, und die englische Admiralität hat erst kürzlich ein sehr beachtenswertes Memorandum erlassen, in welchem sie die Gründe anführt, nach welchen eine raschere Bauzeit für die einzelnen Schiffe in jeder Beziehung praktisch erscheint. Unter diesen Gründen finden sich auch finanzielle, in denen angeführt wird, dass bei rascherer Bauzeit erheblich an Arbeitslohn gespart wird.

Weiterhin ist die Lebensdauer unserer Linienschiffe damals auf Drängen des Zentrums von 20 auf 25 Jahre, diejenige der grossen Kreuzer von 15 auf 20 Jahre erhöht worden und endlich, was als grösster Fehler zu bezeichnen sein dürfte, hat man auf lange Jahre hinaus Schiffe in der Schiffsliste als Linienschiffe eingestellt, welche diesen Namen in keiner Weise verdienen.

Ausserdem ist das Deplazement und die Armierung unserer Schiffe bis auf den heutigen Tag bedeutend geringer gewesen, wie bei den Kriegsschiffen aller übrigen Staaten. Dies möge kurz aus folgendem hervorgehen:

England besitzt heutzutage an Linienschiffen mit 14 000 Tonnen Deplazement aufwärts . . .	48
Nord-Amerika	13
Frankreich	8
Japan	5
Deutschland	0.

An grossen Kreuzern von über 10 000 Tonnen Deplazement besitzt:

England	29
Nord-Amerika	10
Frankreich	8
Deutschland	0.

Da aber das grössere Deplacement eines Schiffes mitentscheidend ist für seinen grösseren Kriegswert, so können Sie daraus entnehmen, in welchem Rückstand wir uns nach dieser Richtung befinden. Die neue Vorlage hilft allen den hier angeführten Mängeln nur nach 2 Richtungen ab, indem sie erstens 6 grosse Kreuzer verlangt und zweitens mit einem grösseren Deplacement unserer Kriegsschiffe rechnet. Was die Kreuzer angeht, so ist dies eine Forderung, die bereits im Jahre 1900 gestellt war, aber damals ebenfalls auf Drängen des Zentrums zurückgestellt und jetzt von neuem erhoben wird. Nun möchte ich die Frage an Sie richten: Was hat sich alles seit 1900 weltwirtschaftlich für uns verändert? So ziemlich alles und so ziemlich alles nicht zu Gunsten Deutschlands. Welchen ungeheuren Aufschwung hat gerade in den letzten 5 Jahren der deutsche Ueberseehandel genommen, und da glaubt man jetzt, mit derselben Seewehr auskommen zu können, als vor 5 Jahren? Eine solche Auffassung kann vor strenger Kritik nicht bestehen, zumal die 6 verlangten Kreuzer, wenn sie auch den Namen „Auslandsschiffe“ führen, für den Auslandsdienst garnicht bestimmt sein können, weil ja unsere Schlachtflotte überhaupt keine grossen vollwertigen modernen Kreuzer aufweisst und weil eine Schlachtflotte ohne solche Kreuzer nicht aktionsfähig ist. So werden naturgemäss diese neuen Kreuzer der Schlachtflotte zugeteilt werden müssen. Dann haben wir aber immer noch keine grossen Kreuzer für den Auslandsdienst, welche modernen Anforderungen entsprechen. Hätten wir solche grossen Kreuzer auf den Auslandsstationen — und Sie werden ja aus den Ihnen vorliegenden Tabellen über die Verteilung der Auslandsflotten der Welt ersehen haben, dass Deutschland an wichtigen Stellen überhaupt garnicht mit Schiffen vertreten ist — so wäre beispielsweise der Aufstand in Südwestafrika ohne Zweifel viel eher niedergeschlagen worden, weil es möglich gewesen sein würde, rasch ausreichende Marinemannschaften aufs Land zu setzen. Wie schlecht es aber selbst in Ostasien, wo wir eine Auslandsstation besitzen, um die Zahl unserer Auslandsschiffe bestellt ist, möge daraus ersichtlich werden, dass bei den letzten Unruhen in Shanghai alle grossen Nationen Schiffe zur Stelle hatten, nur Deutschland nicht!

Was nun den vorhin berührten grossen Uebelstand — geringer Bestand an vollwertigen Schlachtschiffen — betrifft, dass nämlich eine grössere Anzahl Schiffe als Linienschiffe geführt werden, welche gar keine Linienschiffe sind, so möchte ich hierzu folgendes bemerken:

Zu diesen minderwertigen Schiffen, welche mit dem allerdings nicht schönen, aber durchaus zutreffenden Namen „schwimmende Särge“ bezeichnet zu werden pflegen, gehören die der „Sachsen“-Klasse, sowie die der „Oldenburg“- und „Siegfried“-Klasse. Das höchste Lebensalter dieser Herren reicht bis zu 32 Jahren; sie sind ausnahmslos unter Verhältnissen gebaut worden, welche sie nicht mehr befähigen, in einen modernen Seekrieg irgendwie wirksam einzutreten, sowohl was ihre Grösse, ihre Panzerstärke, ihre Schnelligkeit und teilweise auch ihre Armierung angeht. So befinden sich darunter nicht weniger als 8 sogenannte Linienschiffe, welche nur ein Deplacement von 4000 Tonnen aufweisen, mit einer Geschwindigkeit von 15 Knoten. Solche Schiffe erkennt keine Marine der Welt als Linienschiffe an, sie werden dort höchstens als Kreuzer 3. Klasse bewertet. Es ist leider nicht zu widersprechen, wenn kürzlich eine der ersten englischen Fachzeitschriften gesagt hat: „Da besitzt die deutsche Flotte auch noch eine halbe Mandel sogenannter Linienschiffe, über die zu sprechen es sich überhaupt garnicht verlohnt.“

Meine Herren! so sieht es mit dem Bestand und der Zukunft der deutschen Flotte aus, und da ist es wohl nicht übertrieben, oder phantastisch, oder schwärmerisch, oder masslos — und wie alle die Bezeichnungen lauten, mit welchen die Forderungen des Flotten-Vereins beehrt werden, wenn der Flotten-Verein verlangt, dass wenigstens rascher mit dem Ersatz jener minderwertigen Schiffe vorgegangen wird, als wie es das Flottengesetz von 1900 vorsieht, zumal die neue Flottenvorlage einen solchen rascheren Ausbau nicht in Aussicht stellt, sondern im Gegenteil bei dem alten Bauplan verharrt! Beispielsweise wird erst von 1912 ab angefangen, mit dem Ersatz jener eben gekennzeichneten, veralteten und minderwertigen Schiffe der „Siegfried“-Klasse vorzugehen. Ich möchte ferner hier ganz kurz auch die Deckungsfrage streifen, indem ich bemerke, dass sie bei der Forderung des Deutschen Flotten-Vereins nach rascherem Ersatz der minderwertigen Schiffe nicht in Betracht kommt. Das Geld für jene Ersatzbauten ist einstimmig bereits durch das Flottengesetz von 1900 bewilligt. Es muss nur früher aufgebracht werden! Man hat den Versuch gemacht, diese Forderung des Flottenvereins als undurchführbar zu bezeichnen, indem man behauptete, die Werften könnten es nicht leisten und die Geschützfabriken gleichfalls nicht. Dieser Auffassung ist sogar im Reichstag von seiten des Abgeordneten von Kardorff öffentlich Ausdruck gegeben worden, ohne dass ihr im Reichstag irgendwie widersprochen wurde. Es dauerte aber noch keine 24 Stunden, so konnte eine Erklärung der Werften nachgewiesen werden, dass dieselben in der Lage wären, das Zwei- und Dreifache von dem im Jahre zu bauen, was sie jetzt bauen. Auf ähnlichem unhaltbaren Fuss stehen die weiteren Argumente des Abgeordneten, dass es an Mannschaften fehle, man braucht u. a. nur die Mannschaften von den 13 veralteten Schiffen auf wirkliche Kriegsschiffe zu übernehmen, so ist diesem Mangel im Kriegsfalle abgeholfen, während diese Mannschaften jetzt nutzlos geopfert werden — dass man bei dem Fortschreiten der Technik abwarten müsse, bis sich diese neuen technischen Erfindungen bewährt hätten. Dass überhaupt solche ganz unbegründeten und unhaltbaren Aufstellungen gemacht werden konnten, nur um eine Entschuldigung dafür zu haben, dass der Reichstag selbst in dieser Frage nicht die Initiative in die Hand nimmt, wie das in anderen Ländern in Wehrfragen schon oft der Fall war, ist nur dadurch möglich, dass sich im deutschen Reichstag weder höhere Offiziere noch überhaupt irgend ein Seeoffizier befindet, der unabhängig über diese Dinge zu reden verstände. Es geht uns hier genau wie Ihnen, dass nämlich auch der Handelsstand im deutschen Reichstag in der unzureichendsten Weise vertreten ist. Es liegt deshalb die Gefahr vor, dass in der Budgetkommission des Reiches die Flottenvorlage sowohl von amtlichen, wie von Reichstagsseiten aus sachlich und technisch nicht die Beleuchtung erfährt, die sie erfahren müsste der Wichtigkeit der Sache halber.

Es wird also in der Budgetkommission wahrscheinlich ledlglich der Standpunkt der Regierung zum Vortrag kommen, ohne dass er von sachverständiger Seite aus beleuchtet werden könnte in dem Sinne, in welchem ihn die fachmännische Literatur gerade in Deutschland seit Wochen und Monaten beleuchtet hat, nämlich, dass diese Vorlage ungenügend ist und uns in absehbarer Zeit eine starke Flotte nicht schaffen wird. Dass dieses aber aus rein wirtschaftlichen Gründen dringend notwendig ist, davon sind Sie, meine Herren, gewiss überzeugt. Und auch beim Abschluss von Handelsverträgen wird unter Umständeu nicht die Billigkeit und Gerechtigkeit, nicht die Intelligenz und Sachlichkeit der wahre dominus negotii sein, sondern die grössere Macht auf der Seite, mit welcher Deutschland zu verhandeln hat! Und wenn diese grössere Macht zugleich eine bedeutend stärkere Flotte wie die unserige bedeutet, so liegt mit nahezu mathematischer Gewissheit die Gefahr vor, dass Deutschland im gegebenen Fall in wichtigen wirtschaftlichen Fragen — welche vielleicht eine Schicksalsfrage für uns bedeutet — auf das allerhärteste geschädigt wird! Wenn Sie deshalb für die Forderungen des Flotten-Vereins eintreten, so erfüllen Sie nicht nur eine Pflicht vom rein geschäftsmännischen Standpunkt aus, sondern Sie erfüllen auch eine Pflicht dem Vaterland und dem Volke gegenüber, weil unsere Zukunft ohne starke Flotte eine gefährdete ist, und wenn nicht bald Abhilfe geschaffen wird, eine gefährdete bleiben wird. (Lebhafter Beifall und allseitige Zustimmung.)

Der Vorsitzende weist darauf hin, dass der lebhafte Beifall, mit dem die Versammlung das Referat aufgenommen habe, genugsam beweise, wie auch in den Kreisen des Handels und der Industrie allenthalben sich die Ueberzeugung Bahn gebrochen habe, dass eine Behauptung der Machtstellung Deutschlands auf dem Weltmarkte ohne gleichzeitige Schaffung eines entsprechenden Schutzes durch eine den politischen Machtverhältnissen entsprechende Kriegsflotte nicht denkbar sei. In dem Beifall der Versammlung möge der Referent gleichzeitig den schönsten Dank für seine Mühewaltung erkennen.

Bei der Besprechung erhält das Wort Herr Dr. **Stresemann-Dresden**: Sehr geehrte Versammlung! Herr Generalmajor Keim hat in seinen Ausführungen über das vorliegende Thema eine so gründliche Darstellung der Flottenvorlage der Regierung und der Notwendigkeit des schnelleren Ausbaues der von der Regierung verlangten Neubauten gegeben, dass sich an dieser Stelle jede Hinzufügung erübrigt. Wenn ich Ihre Aufmerksamkeit trotzdem für kurze Zeit erbitte, so geschieht dies vorwiegend, um im Anschluss an die Rede des Herrn Referenten einige wenige Gesichtspunkte, welche gerade das Verhältnis der Industrie zur Flottenvorlage berühren, auch hier hervorzuheben, insbesondere nachdem Herr Generalmajor Keim die Freundlichkeit hatte, auch die Stellungnahme des Verbandes sächsischer Industrieller zu dieser Frage zu erwähnen.

Zunächst möchte ich mit Freude konstatieren, dass sich in der Stellung zur Flottenfrage eine tatsächliche Interessengemeinschaft der verschiedenen Industriezweige ergeben hat. Nicht nur die führenden deutschen und bundesstaatlichen Industrieverbände, sondern auch eine grosse Anzahl von Handelskammern haben sich zu machtvollen Kundgebungen im Sinne der Flottenverstärkung vereinigt. Demjenigen, der die Ereignisse nur äusserlich, nur an der Oberfläche zu betrachten gewohnt ist, konnte es vielleicht scheinen, als wenn ein Widerspruch bestände zwischen der Forderung nach einer Verstärkung unserer Wehrmacht zur See und denjenigen Kundgebungen zur Herbeiführung freundlicher Beziehungen zu England, welche ebenfalls aus der Industrie und dem Handel hervorgegangen sind. Dieser Widerspruch ist jedoch nur ein scheinbarer. Die deutsche Industrie hat nie ein Hehl daraus gemacht, dass sie gute nationale Eigenschaften auch an anderen Nationen anerkennt, und Herr Generalmajor Keim hat selbst darauf hingewiesen, wie gerade das Nationalselbstbewusstsein der Engländer uns allen vorbildlich sein könnte. Die vielfach bestehenden Beziehungen zwischen beiden Völkern, die Stellung des englischen Kaufmanns in diesen und die Betonung des aufrichtigen Wunsches, ihrerseits zur Erhaltung des Weltfriedens beizutragen, konnte die deutsche Geschäftswelt sehr wohl zu diesen Kundgebungen veranlassen, nachdem der Anstoss von englischer Seite erfolgt war. Im Zusammenhang mit den gleichzeitigen Kundgebungen zur Flottenvorlage sprechen es gerade diese Bekundungen aus, dass in der selbstverständlichen Zustimmung zum Ausbau der nationalen Wehrkraft des Deutschen Reiches keine feindselige Spitze gegen irgend eine andere Nation liege. Ich möchte zum Beweise dessen auch eine historische Erinnerung aufleben lassen. Der deutsche Flottengedanke ist herausgeboren worden aus dem liberalen Bürgertum der vierziger Jahre, desselben Bürgertums, dass damals England als Vorbild einer freiheitlichen Staatsverfassung ansah und in dessen Nachahmung seine wesentliche Lebensaufgabe erblickte. Wenn zu jener Zeit dieselben Leute, die zu England als zu einem Vorbild aufblickten, gleichzeitig den Ruf nach einer deutschen Flotte erschallen liessen, so bekundete das schon in jener Zeit, dass die Schaffung einer starken Seewehr unabhängig von kriegerischen Expansionsgedanken gedacht werden kann, als ein Mittel zur Aufrechterhaltung derjenigen freundlichen kulturellen Entwickelung, an der die Industrie am meisten beteiligt ist.

Andererseits haben uns die Ausführungen des Herrn Generalmajor Keim bewiesen, wie leicht wirtschaftliche Verhältnisse zu Konflikten Veranlassung geben können, die unter Umständen eine Weltkrise bedeuten, und es muss unser Bestreben sein, in jedem Falle so gerüstet dazustehen, dass uns nicht etwa schwere Nackenschläge treffen, falls einmal die Kanonen zu sprechen beginnen. Ich möchte ganz besonders darauf hinweisen, dass gerade in der ausgezeichneten Darstellung des Reichsmarineamtes über die Entwicklung der deutschen Seeinteressen im letzten Jahrzehnt aus jeder Zeile der Gedanke spricht, dass wir eine starke Seewehr brauchen, weil wir mehr und mehr zum überwiegenden Industriestaat geworden sind. Unsere Handelsbeziehungen umfassen die ganze Welt. Unser Verkehr hat längst den Charakter des internationalen derartig angenommen, dass der binnenländische Warenaustausch dem gegenüber fast zurücktritt. Das Deutsche Reich, dem die Intelligenz seines Gewerbestandes, seines Handels und seiner in der Industrie verkörperten Technik die Möglichkeit gegeben hat, sich zu einem der grössten Exportstaaten zu entwickeln, in dessen Dienst die zweitgrösste Handelsflotte der Welt steht, muss auch soviel

Grosszügigkeit besitzen, um seine Wehrmacht angemessen seiner Weltpolitik auszubauen. Sie haben wahrscheinlich die graphische Darstellung gesehen, welche uns am Eingange in den Saal überreicht wurde. Da sehen wir in etlichen Gebieten, die Millionen von Menschen umfassen und grosse Absatzgebiete für deutsche Waren sein könnten, wohl in machtvoller Grösse England, Frankreich und die Vereinigten Staaten vertreten, aber wir haben nicht einen einzigen Kreuzer, wir haben manchmal lediglich ein Paar lächerlich kleine Kanonenboote, die dort die deutsche Flagge zeigen. Dass aber auch im Welthandel nur derjenige Kaufmann Einfluss hat, hinter dem ein grosses Reich, ein grosser Staatenbegriff steht, das ist uns wohl allen klar. In den dortigen sehr wenig zivilisierten Gegenden gibt es keine Schulen, in denen preussische und deutsche Geschichte gelehrt wird, dort weiss man nichts von der Weltstellung des Deutschen Reiches, dort sieht man höchstens Deutschland auf der Landkarte als einen territorial nicht gerade bedeutenden Komplex. Auch wenn es sich nur um äusserliche Repräsentation handelte, wäre schon deshalb eine Verstärkung unserer Flotte notwendig, um dort einmal das Deutsche Reich neben den anderen Ländern würdig zu vertreten und nicht in den Hintergrund treten zu lassen. Dass wir dadurch auch die Kraft des Deutschtums im Auslande stärken und das Ansehen des deutschen Kaufmanns, bedarf wohl keiner weiteren Erörterung.

Ich möchte bei dieser Gelegenheit aber auch auf einen weiteren wichtigen Gesichtspunkt aufmerksam machen, der bei der Zentralstelle für Vorbereitung von Handelsverträgen naturgemäss in den Hintergrund tritt, an dieser Stelle aber erwähnt werden kann. Die sozialen Gegensätze haben sich derartig verschärft, dass heute der Arbeiter in dem Arbeitgeber meist seinen Feind sieht, dass er sich von sozialdemokratischer Seite aufhetzen lässt gegen die Industrie als solche, und anstatt mit ihr zusammenzugehen, sie durch seine Vertreter im Reichstage fortgesetzt bekämpft, ein Verfahren das so weit geht, dass selbst unsere vorbildlichen sozialpolitischen Gesetze gegen die Stimmen der Sozialdemokraten angenommen wurden. Die Einflusslosigkeit der Industrie in den meisten Parlamenten hängt hiermit aufs engste zusammen, weil ihr alle diejenigen Wahlkreise, die stark gewerblich bevölkert sind, an ihre Gegner verloren gehen. Wenn überhaupt die Möglichkeit vorhanden ist, die Arbeiter für ihre Pflicht als Staatsbürger wieder zu gewinnen, so müssen wir den Hebel ansetzen in nationalen Fragen, wo wir noch auf fruchtbaren Boden stossen. Das hat der Flottenverein getan durch Einberufung von Versammlungen, das haben insbesondere seine Vorkämpfer, wie Herr Generalmajor Keim getan; und wenn jetzt in Sachsen auch viele Hunderte und Tausende von Arbeiterunterschriften für die Petition des Flottenvereins geworben werden konnten, so hat uns das bewiesen, dass vielleicht von dieser nationalen Forderung ausgehend auch das Verständnis für weitere nationale Anforderungen an den Staatsbürger in den Kreisen der Arbeiter wachsen wird.

Wir haben, meine Herren, in Deutschland schwer zu ringen, um der Industrie die nötige Anerkennung und Gleichberechtigung neben anderen Erwerbsständen zu erhalten. Dass gerade der deutsche Flottenverein so weit herausgehend über den engherzigen Gesichtskreis kleinagrarischer Anschauung, wie sie in der Bekämpfung der Flotte durch Angehörige des Bundes der Landwirte zum Ausdruck kommt, stets mit grösstem Freimut für die Bedeutung unserer Industrie und unseren Exporthandel eingetreten ist, dass er sich bemüht, in allen Kreisen, auch in den Kreisen der deutschen Arbeiter, das Verständnis für nationale Fragen und damit auch das Verständnis für manche Lebensfragen der deutschen Industrie wach zu rufen, dafür schulden wir ihm meiner Meinung nach den herzlichsten Dank, und es ist uns wohl Bedürfnis, diesen Dank auch in dieser Versammlung allseitig zum Ausdruck zu bringen. (Lebhafter Beifall.)

Zu Punkt 7 der Tagesordnung erhält an Stelle des Herrn O. Wenzel das Wort zu einem Referat über

„Die Zukunft des ostasiatischen Marktes“

Herr **Dr. Vosberg-Rekow**: Meine Herren! Es kann selbstverständlich nicht meine Aufgabe sein, hier im Rahmen einer Versammlung, der nur ein beschränkter Zeitraum für Behandlung einer Reihe hochwichtiger Fragen gegeben ist, etwas Grundlegendes und auch nur einigermassen Erschöpfendes über die Zukunft des ostasiatischen Marktes zu sagen. Die Erkenntnis, dass die Vorgänge im äussersten asiatischen Osten und am Stillen Ozean künftigen Jahrhunderten als weitaus die wichtigsten erscheinen werden, die unsere Zeit zu verzeichnen hat, die Ueberzeugung, dass es sich mit einer Lösung der alten Kultur Asiens aus tausendjährigen Banden um den Beginn einer neuen Epoche handelt, welche dazu bestimmt sein wird, zwischen der Zivilisation des Westens und des Ostens einen Ausgleich zu schaffen und beide zu assimilieren, diese Erkenntnis ist bei unserem grossen Publikum heute noch wenig verbreitet. Die Probleme, die hier versteckt liegen, sind so gewaltig, dass allein zu ihrer Skizzierung eine ausserordentliche Menge von Kenntnis und Scharfsinn erforderlich ist. Hier in diesem Kreise, der zum grössten Teil aus Personen des praktischen Geschäftslebens besteht, werden wir indessen eine prägnante Frage herauszugreifen haben, die seit etwa zwei Jahrzehnten immer und immer wieder in der öffentlichen Diskussion Europas hervorgetreten ist, und die gewissermassen einen Schatten über die lichtvolle Zukunft geworfen hat, die unsere kräftige handelspolitische Entwicklung uns verspricht. Es ist genugsam gesprochen und geschrieben worden von einem Herandrohen der gelben Gefahr des Ostens. Diejenigen, welche seit längerer Zeit bestrebt sind, diese Gefahr gewissermassen zu predigen und zur Wachsamkeit gegen dieselbe aufzurufen, werden im allgemeinen der Ansicht sein, dass die jüngsten politischen Ereignisse von Ostasien ihnen Recht gegeben, ja reichlich Wasser auf ihre Mühle geführt haben. Und dennoch ist dem nicht so, und Sie wollen mir erlauben, dass ich hier in einigen kurzen Sätzen diejenigen Momente aufzähle, welche uns neuerdings dazu bestimmen sollen, mit frischem ja fröhlichem Wagemut in das ostasiatische Weltgeschäft einzutreten, die Opfer, die wir für diese Politik gebracht, als gut angelegte Kapitalien zu betrachten und davon überzeugt zu sein, dass von einer ernstlichen Gefährdung der Früchte unseres Fleisses im Osten Chinas und in der Nähe Japans ebensowenig die Rede sein kann, als an irgend einer anderen Stelle der Welt.

Ich habe schon wiederholt bei anderen Gelegenheiten, teils in Zeitschriften und Zeitungen, teils in öffentlichen Reden, ausgeführt, dass die japanischen Bäume nicht in den Himmel wüchsen, dass es töricht und gegenstandslos sei, von einer gelben Gefahr zu reden, und dass insbesondere eine rasch heraufdrohende Industrieentwicklung im moderen Sinne in Japan nicht bevorstehe. Ich habe darauf hingewiesen, dass die zahlreichen Berichte, welche wir durch Reisende und Beamte vor dem Jahre 1900 über die japanischen Zustände erhalten haben, Berichte, die die allgemeine Meinung zu einem günstigen Vorurteil für die Einschätzung japanischer Wirtschaftsverhältnisse veranlasst haben, zum grössten Teil sich als irrtümlich und übereilt herausgestellt haben. Diejenigen Berichte, welche spätere Beobachter beibrachten — ich nenne den Amerikaner Potter, den Engländer Brenan, den Deutschen Coates, den Oesterreicher Kutschera — weichen von den erstgenannten wesentlich und fast in allen Punkten ab. Als ich vor zwei Jahren und im Vorjahr in Artikeln der Zeitschrift Asien aus diesen letztgenannten Berichten Auszüge wiedergab und aus dem beigebrachten Material sehr berechtigte Schlüsse zog, hat man mich immer und immer wieder darauf hingewiesen, wie sehr ich die Japaner unterschätzte; ihre geradezu staunenswerte Leistung im Kriege mit China nicht nur, sondern vor allen Dingen mit Russland sei der beste Beweis dafür, dass man es mit einer Macht ersten Ranges zu thun habe, deren wirtschaftliche Entwicklung binnen kurzer Zeit die unsrige eingeholt und womöglich überholt haben werde. Allein, während die Tatsachen scheinbar meinen Kritikern Recht gaben, bin ich bemüht geblieben, mein gegnerisches Material zu sichten und zu ergänzen.

Es ist unzweifelhaft, dass die Japaner Grosses geleistet haben; nur muss man sich hüten, die einmalige kriegerische Leistung auch als eine Leistung produktiver Natur aufzufassen, die ihren vollen Effekt auf dem Weltmarkt der Nationen haben werde. Es ist heute modern, die Japaner als Kriegshelden mit einem gewissen Enthusiasmus zu begrüssen und zu behandeln. Bleiben wir einen Augenblick bei der nüchternen Betrachtungsweise des Geschäftsmannes, und beginnen wir dieselbe an einer Stelle, die gewiss gerade für das kaufmännische Urteil bemerkenswert genannt werden kann.

Der Bericht der Handelskammer zu Hamburg für das Jahr 1905 beliebt einen Ausblick auf die politische und wirtschaftliche Lage des asiatischen Ostens, mit dem bekanntlich Hamburg in den engsten Beziehungen steht. Der Hamburgische Bericht sagt: Deutschlands Handel mit Japan habe sich auch im Jahre 1905 in der Hauptsache auf die Ausfuhr dorthin beschränkt, die gegenüber dem Vorjahre in manchen Artikeln grössere Zahlen zeigte, besonders in Maschinen, Lokomotiven, Nägeln, Papier, künstlichem Indigo, Leder, Textilwaren und neuerdings auch in Zucker. Die japanische Reisernte habe infolge von Stürmen und Ueberschwemmungen einen nicht unbedeutenden Ausfall erlitten.

Vergleicht man diesen Bericht mit den immer und immer wiederkehrenden Hinweisen auf das Herandrohen der gelben Gefahr insbesondere nach dem Kriege, so wird man zur Substanstiierung derartiger Befürchtungen verhältnismässig wenig Material vorfinden. Eine so rasche Industrieentwicklung, als sie von jenen Propheten verkündet wurde, ist angesichts der bis heute gegebenen Grundlagen nicht zu erwarten, ja garnicht möglich. Man hat darauf aufmerksam gemacht, dass die Japaner einen riesigen modernen Krieg ohne scheinbare Anstrengung geführt hätten, dass sie als Sieger aus dem Kriege hervorgegangen seien, und dass ihr Handel und ihre Industrie auch während der Kriegsperiode nicht abgenommen habe. Wer imstande sei, einen solchen Krieg zu führen, einen Krieg unter Benutzung der modernsten Machtmittel der zivilisierten Welt, der sei sicher auch imstande binnen ähnlich kurzer Zeit Europas Industrie eine bedrohliche Konkurrenz zu machen. Als bald nach Beendigung des Krieges Japan daran ging, zahlreiche Sendlinge nach China zu deputieren, als japanische Lehrer, Ingenieure und Beamte sich an vielen Stellen in die chinesische innere Verwaltung einzuschieben wussten, als japanische Unternehmer als Wettbewerber auftraten, wo es sich um grössere Industriekonzessionen handelte, wurde man des weiteren davon überzeugt dass die Eroberung Chinas durch die Japaner, zum wenigsten die wirtschaftliche Eroberung, nahe herangerückt sei. Weder die nicht gerade unbedenklichen Ausweise der japanischen Staatsbank, noch die niederen Kurse und die harten Bedingungen, zu denen allein man äussere Anleihen Japans in die Wege leiten konnte, haben diese Enthusiasten zurückgeschreckt. Als Japan schliesslich gar das neue Bündnis mit England einging und sich dadurch offenbar nördlich von Hongkong freie Bahn schaffte, als es in jenem Vertrage als Garantin der englischen Besitzungen in Indien hervortrat, da war es auch für die Zweifler ausgemacht, dass schon in nächster Zeit ein harter wirtschaftlicher Kampf mit dem Inselvolke bevorstehen werde, und es fehlte wenig daran, dass man auch eine Ueberschwemmung Europas mit den Produkten des Ostens vorausgesagt hätte.

Es muss zugegeben werden, dass die Japaner ein ausserordentlich kluges, energisches Kulturvolk geworden sind, dass sie mit einer geradezu staunenswerten Geschicklichkeit es verstanden haben, sich wesentliche Errungenschaften der westlichen Kultur zu eigen zu machen. Es darf in der Tat als erstaunlich bezeichnet werden, dass sie es verstanden, den Krieg mit Russland so energisch und schneidig durch- und zu Ende zu führen. Dieses Anerkenntnis wird nicht einmal durch den Hinweis wesentlich abgeschwächt werden können, dass die Verhältnisse in Russland, wie sich jetzt zur Evidenz herausstellt, weit schlimmere, d. h. für eine kriegerische Aktion unzureichendere waren, als man bisher angenommen hatte. Aber es ist trotz alledem immer wieder zu betonen, dass man wohl gewisse Aeusserlichkeiten einer fremden Kultur binnen wenigen Jahrzehnten annehmen und sich zu eigen machen kann, dass aber von solcher Tätigkeit bis zum Aufbau einer modernen Industrie ein gewaltiger Schritt ist. Gewiss hat man die Japaner in ihrer ethnographischen, nationalen und wirtschaftlichen Bedeutung lange unterschätzt, weil man sie nicht kannte; im gleichen Masse aber überschätzt man heute ihre Erfolge und deren Bedeutung.

Heute drängen sich dem aufmerksamen Beobachter Japans eine Reihe von Erscheinungen auf, über deren Gewicht man sich offenbar im grossen Publikum des europäischen Westens noch nicht recht klar ist. Weite Distrikte des Landes sind infolge einer Missernte des Reises der bittersten Hungersnot ausgesetzt. Die Regierung ist zurzeit und nach den vorliegenden Nachrichten weder gewillt, noch imstande, ausreichende Hilfe zu leisten. Der Europäer ist seit Jahrzehnten gewöhnt, sich den Japaner als einen Ackerbauer ersten Ranges vorzustellen. Wenn der europäische Reisende das Land durchflog, sah er zur Rechten und zur Linken zahlreiche, kleine, wohlbestellte Reisfelder, und er bewunderte die Akkuratesse und den Fleiss der Besteller und erzählte daheim von der Blüte des japanischen Landbaues. Tatsächlich hat dieser Landbau durchaus nicht den Umfang, den man ihm zuschrieb. Die japanische Regierung selbst hat während der letzten Jahre eine Erhebung über den Umfang der Anbauflächen veranstaltet, und es hat sich das überraschende Resultat ergeben, dass ca. 48 pCt. des ertragfähigen Bodens überhaupt nicht angebaut sind. Aus den Verlautbarungen der japanischen zuständigen Behörden, welche allerdings nicht in die grossen, für den europäischen Westen bestimmten Veröffentlichungen übergegangen sind, ergibt sich, dass der Ackerbau der Japaner noch heute auf einer sehr niedrigen Stufe steht und dass er seit langer Zeit keine Fortschritte gemacht hat. Der japanische Landmann hat veraltete Methoden und vor allen Dingen in noch höherem Grade als der Landmann westlicher

Länder keine Vorstellung vom Werte der Zeit. Man nahm bisher an, dass die japanische Expansion notwendig sei, weil das Land die stets wachsende Bevölkerung nicht mehr ernähren könnte. Dabei ging man natürlich von der Voraussetzung aus, dass ein voller Anbau des Landes vorlag. Heute weiss man, dass dies nicht der Fall ist, und dass auch die Erträge der bebauten Flächen ausserordentlich gering sind. Die japanische Regierung hat sich offensichtlich bemüht, an dieser Stelle nachzuhelfen und einzuwirken. Sie hat eine Anzahl Agrikulturbureaus errichtet, sie hat Musterbetriebe eingesetzt, sie hat allenthalben Vorträge halten lassen; bisher allem Anschein nach mit geringem Erfolg.

Es lassen sich aber von diesem misslichen Stand der Ackerwirtschaft in Japan sehr wohl berechtigte Rückschlüsse auf die Tiefe und den Gehalt des Nationalreichtums machen. Der Bergbau ist durchaus nicht so ausgedehnt, als man gewöhnlich angenommen hat. Gold wird nur verhältnismässig an wenigen Stellen gegraben. Nicht mehr als 120000 Bergarbeiter zählt das ganze Land, und eine Steigerung der Produktion auf diesem Gebiete ist für die nächste Zeit um so mehr ausgeschlossen, als die Landesgesetze das Einbringen ausländischer Kapitalien unmöglich machen. Japan hat eine grosse Schiffahrt etabliert, die ihre Ausläufer in regelmässigen Linien bis nach Europa entsendet, allein es ist wohl zu beachten, dass die japanische Regierung bis vor verhältnismässig kurzer Zeit diejenige gewesen ist, welche die höchsten Subventionen für ihre Dampferlinien gezahlt hat. Wenn die Fabrikation und der Handel nach gewissen Anzeichen während der Kriegsperiode nicht zurückgegangen sind, so soll man nicht vergessen, dass die japanische Regierung in der ganzen letzten Periode gerade die Industriellen fortgesetzt aus den Mitteln der chinesischen Kriegsentschädigung unterstützt hat, dass es sich an dieser Stelle also vorläufig um eine Art künstlicher Züchtung handelt. Die Zollerträgnisse sind bereits zur Verzinsung einer der äusseren Anleihen verpfändet. Die Bevölkerung wächst in der Tat: aber gleichzeitig wächst auch die Einfuhr von Nahrungsmitteln. Wenn man den neuesten Berichterstattern Glauben schenken darf, so ist auch von einer Blüte der Industrie keine Rede; es erscheint sogar fraglich, ob auf diesem Gebiete überhaupt ein Aufschwung für die nächste Zeit zu erwarten ist, da die Regierung durch das Dazwischentreten des Krieges und seine Kosten an der seit langem projektierten Verbesserung der Verkehrsmittel, der Eisenbahnen, Strassen und Brücken, verhindert ist. In Amerika erregt zur Zeit der Bericht eines Herrn Thomas F. Millard Aufsehen, welcher aus Japan zurückgekehrt ist, nachdem er die wirtschaftlichen Verhältnisse daselbst einem eingehenden Studium unterzogen hat, und welcher alle die Bedenken bestätigt, die von gewisser Seite und nicht zuletzt von mir gegen ein rasches Herandrohen einer gelben Gefahr geltend gemacht worden sind. Herr Millard weist auf die ausserordentlich ungünstige Finanzlage des Landes hin. Er legt dar, dass Japan heute, wenn es seine Grossmachtstellung behaupten wolle, die Flotte fast ganz erneuern müsse, dass es für diese und andere grosse Ausgaben auf Kredit im Auslande angewiesen sei, und dass dieser Kredit folgerichtig nur dann werde gefunden werden können, wenn ein gewisser Nationalreichtum unbestreitbar sei. Trotz des Bündnisses mit England aber seien die Kreditverhältnisse für Japan keine günstigen. Es sei eine nicht unbedenkliche Erscheinung, dass eine Anzahl reicher Leute in Japan ihre Bankdepositen nach Europa und nach Amerika übertragen hätten, wohl in der leicht verständlichen Besorgnis, dass gelegentlich die Goldzahlung eingestellt werden dürfte. Millard versichert, dass fast gar keine Goldmünzen mehr im Lande umliefen, und dass das Gold sogar in Schmuck- und Gebrauchsgegenständen verhältnismässig selten geworden sei; er macht darauf aufmerksam, dass die Scheine der Bank von Japan in ihrer jetzigen Umlaufsmenge bereits 350 % der Goldreserve darstellten. Seiner Ansicht nach ist sogar zu besorgen, dass nach einer gewissen Zeit nicht einmal die Silberzahlung werde aufrecht erhalten werden können. Millard ist auch ganz analog den von uns früher an dieser und anderen Stellen gemachten Ausführungen der Ansicht, dass die japanische

Arbeit durchaus nicht so billig sei, wie man im Westen annehme, dass der japanische Arbeiter zwar arm und bedürfnislos, aber wenig energisch, tüchtig und schnell sei, und dass die Zukunft der japanischen Industrie keine glückliche genannt werden könne, zumal doch fast alle ihre Rohprodukte vom Auslande eingeführt werden müssten.

Es ist richtig, dass Japan imstande gewesen ist, insgesamt 2838108000 M. für den Krieg gegen Russland aufzuwenden. Von dieser Gesamtsumme hat weit über die Hälfte durch besondere Anleihen gedeckt werden müssen. Der Kredit Japans ist durch diese Anspannung selbstverständlich nicht unbeträchtlich gefährdet. Wenn verschiedene Fachleute nach Lektüre des mit grosser Geschicklichkeit zusammengestellten offiziellen „finanziellen und wirtschaftlichen Jahrbuches für Japan" zu dem Ergebnis gekommen sind, dass es sich um ein Land von ansteigender und grosser Kraft handle, so mögen sie sich ins Gedächtnis rufen, dass es für den europäischen Politiker wohl schwer ist, ein derartiges, für die politische Oeffentlichkeit hergestelltes Jahrbuch auf die Richtigkeit seiner Angaben zu kontrollieren. Ueberblickt man aber die finanzielle Steuerleistung der japanischen Nation, so ergibt sich allerdings seit dem Jahre 1892 eine gewaltige Anspannung; die Steuern sind von 66,4 auf 196,1 Millionen Yen gestiegen. Allein einmal müssen für eine Bevölkerung von 41—50 Millionen Einwohner, nach dem Massstabe eines Kulturvolkes bemessen, diese Zahlen überhaupt ziemlich klein erscheinen. Die durchschnittliche Mehrleistung beläuft sich auf jährlich 9 Millionen Yen oder 18,8 Millionen Mark, was nicht all zu hoch anzuschlagen ist. Es ist vielleicht nicht zweifelhaft, dass es Japan gelingen wird, mit kluger und sparsamer Wirtschaft sein Prestige nach aussen hin aufrecht zu erhalten. Einen zweiten Krieg zu führen wäre Japan wahrscheinlich ausser stande. Es wird langer Zeit bedürfen, ehe die Wunden, die ihm der Krieg geschlagen hat, geheilt, ehe die Opfer, welche die patriotische Bevölkerung für den Eintritt in den Kreis der Grossmächte hat zahlen müssen, abgegolten sind. Waren schon die Aussichten zu einer industriellen Evolution im modernen Sinne vor dem Kriege nicht all zu grosse und konnte man sich schon vor dem Kriege dahin resolvieren, dass die japanische Industrie bezw. die Anfänge einer solchen wohl geeignet seien, in China und Indien, in Ostasien überhaupt, einer Reihe billiger europäischer Stapelwaren mit Erfolg Konkurrenz zu machen, dass sie aber noch lange nicht imstande sein werden, die hochwertigen oder vollwertigen Industrieprodukte anderer Länder zu ersetzen, dass sie vielmehr dazu verurteilt sein werde, eine Rolle 3. und 4. Grades auf dem ostasiatischen Weltmarkte zu spielen, und das um so mehr, je rascher den Bewohnern des Ostens die Erkenntnis dafür aufgehen werde, um wieviel die Qualität der europäischen Waren der der ostasiatischen vorangeht, so ist das alles in weit höherem Grade zu berücksichtigen heute, wo die Staatskassen Japans leer, der japanische Kredit nahezu erschöpft, die Währungsverhältnisse des Landes auf eine unsichere Basis gestellt und insbesondere die Fonds nicht mehr vorhanden sind, aus denen heraus eine weise Regierung das Emporsteigen der Industrie mit allen ihr zu Gebote stehenden Mitteln gefördert hat. Freuen wir uns dessen, dass Japan wirtschaftlich lebhaft und rege bleibt, dass es mit uns bemüht ist, in den übrigen grossen mongolischen Ländern Bedürfnisse zu schaffen und Lust am Handel und Verkehr zu erwecken; dass es vielleicht durch die Gleichartigkeit der Rasse den Japanern eher gelingen wird als den Europäern, gegen den Ausschluss des Fremden einzuwirken. Der Japaner mag uns in Ostasien vorangehen; er wird nur vorangehen, um uns die Wege zu ebnen; vorläufig wird er noch lange nicht imstande sein, uns zu ersetzen.

Es wäre gewiss hochinteressant, für alle diese Betrachtungen genaue Unterlagen vorzulegen und beizubringen. Diese Unterlagen sind tatsächlich vorhanden und jedermann zugänglich, der sich über sie unterrichten soll. Der kurze Zeitraum, der mir hier zugemessen ist, verbietet mir, also zu verfahren. Aber es soll mir genügen, wenn es mir gelingt, eine Anregung dahin gegeben zu haben, dass man das Studium des ostasiatischen Marktes aufnehme, ohne sich den

Blick durch ein all zu günstiges Vorurteil für die Japaner trüben zu lassen. Von einer gelben Gefahr ist zunächst keine Rede, weder im politischen, noch im wirtschaftlichen Sinne. Japan wird glücklich sein, wenn es von den Mächten als ein ebenbürtiger Mitstreiter anerkannt wird; es wird sich hüten, sich im Ueberschwange zu neuen Konflikten fortreissen zu lassen. Die 300—400 Millionen Mark, welche unsere Geschäftswelt bereits in Ostasien investiert hat, sind nicht verloren. Wenn wir aber unsere Interessenten ermutigen können, auf dem einmal betretenen Wege einer energisch nach dem Osten gerichteten Handelspolitik fortzuschreiten, so müssen wir allerdings nicht davor zurückschrecken, auf demjenigen Gebiete die Konsequenzen einer solchen Politik zu ziehen, das Ihnen mein Herr Vorredner geschildert hat, nämlich auf dem Gebiete eines kraftvollen Schutzes der deutschen Interessen zur See durch den möglichst raschen Ausbau einer der Bedeutung des deutschen Handels entsprechenden Kriegsflotte. (Lebhafter Beifall.)

Zu Punkt 8 der Tagesordnung erhält, von allseitigem Beifall begrüsst, das Wort der Vizepräsident des deutschen Reichstags, Herr Geheimrat Professor Dr. Paasche, über

Die wirtschaftliche Erschliessung von Deutsch-Ostafrika.

Herr **Geheimrat Dr. Paasche**: Redner führt einleitend aus, dass sich seit Jahren in Deutschland eine gewisse Kolonialmüdigkeit geltend gemacht habe, die nicht so sehr in den Kreisen der Kolonialenthusiasten und Kolonialtheoretiker, als vielmehr in denjenigen der Kolonialpraktiker und insbesondere in den Kreisen der Kapitalisten hervorgetreten sei, welche sich an Unternehmungen in unseren Kolonien beteiligten. Immer und immer wieder habe man hören müssen, wie die zahlreichen Kolonialgesellschaften bald infolge von Dürre, bald infolge von Misswachs, bald infolge widriger Handelskombinationen, von Aufständen oder sonstigen nicht abzuwendenden Unglücksfällen ohne Gewinn gearbeitet haben. Manche Kapitalien gingen durch Ungeschick der hinausgesandten Beamten und Leiter verloren; die Mehrzahl aber sei bisher ohne den befruchtenden Unternehmergewinn geblieben. Rechnet man hinzu, dass uns die Kolonien auch auf dem rein politischen Gebiete schon mehrfach zu Unannehmlichkeiten und Besorgnissen Veranlassung gegeben haben, so kann man von einer rechten Freude, die wir an diesen Erwerbungen gehabt haben, eigentlich noch nicht reden. Dennoch ist unser Kolonialbesitz bis in die neueste Zeit unterschätzt worden. Wir müssen uns eben klar vor Augen halten, dass wir Kolonien im Sinne Englands, d. h. grosse überseeische Gebiete, welche durch einen lebhaften Handel, durch fruchtbringende Unternehmungen, durch Austausch von Produkten zwischen Mutterland und Kolonien, durch Aufnahmefähigkeit für Kolonisation vom Mutterlande aus geeignet wären, nicht besitzen. Es wäre aber verfehlt, wenn man auf Grund einer retrospektiven Betrachtung den Wert unserer Kolonien verkennen wollte. Redner hat auf seiner jüngsten afrikanischen Reise die Ueberzeugung gewonnen, dass unser Deutsch-Ostafrika sehr wohl eine Kolonie werden könne, wie sie England zu seinem grossen Vorteil zahlreich besitzt und wie sie unseren kolonialen Kreisen als mehr oder weniger ideale Schöpfung vorschwebt. Schon heute ist Ostafrika nämlich imstande, eine Menge wertvoller Landes-Erzeugnisse zu liefern. Der Reisende, der das Land besucht, erhält schon an der Küste ausserordentlich günstige Eindrücke. Kaum irgend eine Kolonie des ostafrikanischen Festlandes besitzt eine derartige Reihe prächtiger, vorzüglicher Häfen wie Ostafrika, Häfen, die geeignet erscheinen als Aus- und Einfallstore des Handels und Verkehrs, Häfen, deren jeder einzelne gross genug ist, um unsere gesamte, nach der neuen Flottenvorlage herzustellende Kriegsflotte aufzunehmen. Diese Natur-Häfen aber sind gleichzeitig bequeme Einfallstore für fruchtbare Landstriche des Hinterlandes. In Südwestafrika musste man erst viele Millionen aufwenden, um den gewaltigen unfruchtbaren Dünengürtel zu durchbrechen, welcher das anbaufähige Gebiet dort von der Küste scheidet. In Ostafrika liegen die natürlichen Verhältnisse unendlich günstiger; auch ist die Kultivierung des Landes weit mehr fortgeschritten, als das grosse Publikum bei uns gemeinhin annimmt. Längs der Eisenbahn von Tanga nach Monbo und weit darüber hinaus ziehen sich bereits zahlreiche Plantagen hin. Der Bauplan für die Stadt Monbo ward am 1. Februar 1905 öffentlich ausgelegt. Es waren darin die Grundrisse für die Baustellen der Europäer, der Neger und des arabischen Elements aufgezeichnet. Heute, also nach weniger als Jahresfrist, ist bereits kein Bauplatz mehr zu haben; binnen kurzer Zeit wird die kleine, unscheinbare Niederlassung Monbo bereits eine ansehnliche Ortschaft sein. Diese Erscheinung zeigt besser als alle Berichte über Einzelheiten, dass sich in der Tat in diesen Gegenden wirtschaftliches Leben entwickelt, und dass eine grosse Reihe europäischer Ansiedler sich hier eine Zukunft versprechen kann.

Man habe bei uns in weiten Kreisen noch ganz falsche Vorstellungen, beispielsweise von der Bodenbeschaffung Deutsch-Ostafrikas. Tatsächlich durchziehen das Land allerdings breite Steppengürtel; solche Gegenden seien unendlich einförmig und langweilig, und der Reisende, der sie durchzieht und in dem fernen und fremden Erdteil Abenteuer zu erleben und wunderbare Dinge zu sehen wünscht, schreitet seufzend unter den Strahlen der tropischen Sonne einher, sehnt sich jeden Augenblick aus der Steppe heraus und hat kaum einen Blick für das, was vor ihm und zu seinen Füssen liegt. Eine öde Steppe heisst es; ob aber dieses Land anbaufähig ist, darüber haben bisher nur sehr unzureichende Erhebungen stattgefunden. Als der Referent einem preussischen Minister von seiner Absicht, nach Ostafrika zu reisen Mitteilung machte, erhielt er die Antwort: „Um Sand zu sehen brauchen Sie ja nicht nach Ostafrika zu fahren, den haben wir ja ganz dicht bei Berlin.“ Man vergisst dabei vollständig, dass Ostafrika ein Land ist, mindestens doppelt so gross wie Deutschland, dass es, wie Deutschland, eine Reihe prächtiger, ausserodentlich fruchbarer Flusstäler besitzt, und dass die angeblich gänzlich öden Gebiete, welche dazwischen liegen, angesichts der geringen Bevölkerung noch für lange Jahrzehnte hinaus für den Anbau garnicht in Betracht kommen. Auch sollte man doch nicht vergessen, dass die deutsche Heimat ebensowenig allerorten über Boden bester Klasse verfügt, dass auch bei uns nur gewisse Landstrecken an den grossen Strömen etc. besonders fruchtbar genannt werden können, und dass energische und fleissige Arbeit die Ungunst der Natur stets zu meistern bereit ist. Bauen wir doch heute in der Lüneburger Heide Zuckerrüben und liefert doch der, von dem Herrn Minister in der Nähe von Berlin bemerkte Sand unter intensiver Kultur ganz erstaunliche Erträge. Man hat sich allzusehr durch die in der ersten Zeit häufig eintretenden Fehlschläge abschrecken lassen. Manche der Anlagen muss man von vornherrein als unwirtschaftlich bezeichen. Wenn man z. B. hoch oben in den Usambara-Bergen Kaffeeplantagen anlegt und zur Herstellung einer solchen Plantage den Bau eines Weges bis zur Ebene nötig hat, der schon an und für sich Hunderttausende verschlingt und so den Ertrag des angebauten Gebietes unverhältnismässig und unwirtschaftlich belastet, so braucht man sich nicht zu wundern, wenn Kapitalien ohne Ertrag bleiben oder gar verloren gehen. Dem Referenten sind auch zahlreiche Fälle bekannt geworden, in denen man mit dem Pflanzen der Kaffeebäume höchst unrationell vorgegangen ist. Die Kaffeepflanze will mit ganz ausserordentlicher Sorgfalt in den Boden gelassen und behandelt werden. Vielfach aber sind die Pflanzer, um zunächst weite Gebiete in Kultur zu nehmen, ohne jede Sorgfalt verfahren und haben sehr mangelhaftes Pflanzmaterial verwendet. Verführe man in gleicher Weise mit Anbauprodukten in der deutschen Heimat, man würde sich über die gleichen Ergebnisse nicht zu wundern haben. Dass die Kaffekultur in Ostafrika tatsächlich nicht aussichtslos ist, das beweisen unzweifelhaft die kleinen mit 10—15 000 Kaffeebäumchen bepflanzten Plantagen in der Nähe von Wilhelmsthal. Das sind nur kleine Kulturen, die vom Pflanzer selbst unter Aufwendung aller Sorgfalt versehen werden; sie versprechen befriedigende, ja sogar grosse Ergebnisse. Wo die Kaffeekultur missglückt ist, ist man dazu übergegangen, Chinarinde und Kampferbäume anzubauen; namentlich die Gewinnung von Kampfer verspricht vielen Nutzen. Bisher sind wir bezüglich dieses Produktes fast ausschliesslich auf Japan angewiesen, das in Formosa die Hauptkampferproduktion der Welt besitzt. Wenn man bedenkt, dass der Kampfer zur Herstellung unserer Munition unbedingt notwendig ist, dass wir also in gewissem Sinne für Aufrechterhaltung unserer Wehrfähigkeit zur Zeit von einem fremden Lande in Abhängigkeit gehalten werden, so muss man diese Ergänzung unseres Bedarfes, wie sie sich in der eigenen Kolonie anbahnt, mit Beifall begrüssen.

Noch weit lohnender ist wahrscheinlich der Anbau von Kautschuk. Der Verbrauch dieses Artikels ist schon jetzt ein ganz ungeheuer grosser; auf mindestens 6000 Tonnen beläuft sich seit einer Reihe von Jahren der Mehrverbrauch pro Jahr. Wenn sich die Automobilindustrie auch nur in dem bisherigen Tempo weiter entwickelt, so wird Kautschuk stets ein begehrter, hoch im Preise stehender Artikel bleiben. Mit Besorgnis sieht man heute bereits, dass die Wälder, welche den wilden Kautschuk liefern, allmählich ausgenutzt sind. In diesen Gebieten wird heute noch meistens Raubbau getrieben, indem man die Kautschukbäume einfach abhaut; es geht also der Baum, die Quelle des Kautschuks, ohne Ersatz verloren. Jetzt ist man dazu übergegangen, auf künstlichem Wege Gummipflanzen wieder heranzuziehen. Nach längeren wissenschaftlichen Versuchen hat man die geeignetsten Gummipflanzen für Deutsch-Ostafrika ermittelt, und seit mehreren Jahren ist man im Begriff, Plantagen grösseren Umfanges anzulegen. Heute gewinnt man den Gummi auf eine Art und Weise, welche den Baum schont, welche ihn sogar wahrscheinlich gleich wie eine Kuh durch völlig reines Ausmelken zu immer grösserer Gummiproduktion anreizt. Die Bäume werden durch kleine Messereinschnitte zur Hergabe des Gummis veranlasst; etwa 20 solcher Messerstiche werden jedem Stamme beigebracht. Um den herausfliessenden Saft zu schnellerem Gerinnen zu bringen, werden die Schnittflächen mit unreifer Zitrone eingerieben. Mit aller Bequemlichkeit sammelt auf diese Weise ein mit nur geringem Tagelohn bezahlter Mann 1 bis 1½ Pfund Kautschuk pro Tag und Baum; das Pfund hat einen Marktwert von etwa 3,50 M. Auf einem Hektar nun können bequem 2000 solcher Gummibäume gedeihen. Plantagen von 100 ha sind heute in Ostafrika durchaus keine Seltenheit mehr. Besitzer solcher Plantagen wiesen dem Referenten aus ihren Büchern nach, dass der Reinertrag eines solchen Gummibaumes sich im dritten Jahr auf 1 M. belief. Da der Bedarf an Kautschuk ständig wächst, die Ausbeute an wildem Kautschuk ständig abnehmen wird, so scheint diesen Kautschukpflanzern auf Jahrzehnte hinaus ein reicher Ertrag gesichert. Bisher freilich hatten wir nur Anlagen machen können, aber die Zeit der Ernte ist nun herangekommen.

Einen fast ebenso sicheren aber nicht so mühelosen Gewinn bringt die Anpflanzung eines anderen Produktes, dass sich ebenfalls rasch über Ostafrika ausbreitet. Es ist dies eine Agavenart, (agava sisalana), welche den berühmten und immer mehr geschätzten Sisalhanf liefert, ein Textilrohstoff von sehr langem Stapel, der widerstandsfähig gegen die Unbilden der Witterung und von grosser Elastizität ist. Sisalhanf gilt heute als der beste Hanf überhaupt. In Rotterdam steht die Tonne zurzeit mit 805 M. im Preise. Die Pflanze ist ausserordentlich leicht anzubauen. Sie wird im Abstand von etwa 2½ m Entfernung einfach in die Erde gesteckt und wächst fast auf jedem Boden. Freilich erweist sie sich für besonders guten Boden durch reicheres Wachstum dankbar. Plantagen von 100 bis 2000 ha sind bereits nicht selten. Allerdings muss man mehrere Jahre warten, ehe die Pflanze eine Ernte liefert. Indessen lassen sich in den grossen Zwischenräumen zwischen den Pflanzenreihen, wie das die ostafrikanischen Pflanzer bereits in Uebung haben, Baumwollplantagen anlegen: der Ertrag dieser Baumwollplantagen deckt zunächst die sämtlichen Kosten der Anlagen. Referent rechnet für Fracht und Unkosten

200 M. pro Tonne, so dass sich bei dem jetzigen Marktpreis ein Gewinn von 600 M. pro Tonne ergibt. Die Pflanze fordert, einmal angewachsen, fast gar keine Pflege; sie ist imstande, monatelange Trockenheit zu überdauern, ihre Blätter sinken dann zwar zur Erde herab, aber der nächste Regen richtet sie wieder auf, ohne dass die Faser irgendwie gelitten hat. Nach einer Reihe von Jahren kommt die Pflanze, die ihren Ertrag in grossen Blättern alljährlich abgibt, zur Blüte und geht zugrunde. Unterdessen aber hat sie längst eine Menge kleinerer Seitenpflanzen gebildet, die zur rechten Zeit herausgenommen und zur Ergänzung in entsprechender Entfernung wieder in die Erde gesenkt sind. Die Kultur ist, wie gesagt, so einfach wie möglich, und da Deutschland allein für 7—8 Millionen Mark pro Jahr Sisalhanf gebraucht und das Erzeugnis gerade unserer Kultur ein ganz vorzügliches ist, so ist Kultur und Ausfuhr in raschem Steigen begriffen. Bald wird es notwendig werden, in Tanga grosse Lagerschuppen und Quaianlagen zu schaffen. Der Preis des Produktes kann natürlich bei umfassendem Anbau wesentlich herabgehen; aber selbst wenn die Tonne sich auf 400 M. netto stellen sollte, ist die Kultur noch lohnend.

Besonders viel versprechend erscheint dem Referenten auch der Anbau von Baumwolle in Deutsch-Ostafrika. Das dort gewonnene Produkt wird von Kennern den besten ägyptischen Stapeln gleichgestellt; ja es soll diese an manchen Stellen noch übertreffen. In der Baumwollkultur wurden auch in Deutsch-Ostafrika zunächst Fehler gemacht. So pflanzte man z. B. nicht zur rechten Jahreszeit, und der Erfolg war ein gänzliches Missraten der Ernte. Seitdem aber die ausgezeichnete Versuchsstation dortselbst ihre wissenschaftlichen Ergebnisse und Erfahrungen den Pflanzern zur Verfügung gestellt hat, ist eine rasche Verbesserung der Methode eingetreten, und auch hier wird es nunmehr bald rasch vorwärts gehen.

Reis, Copra und andere Produkte sind ebenfalls für Deutsch-Ostafrika in Aussicht zu nehmen.

Es wird auch dem Laien auf den ersten Blick klar sein, dass, wenn er diese Schilderungen liesst, die Referent nüchternen Sinnes und ohne irgend Kolonialschwärmer zu sein, geben muss, eine derartige wirtschaftliche Entwicklung für das Mutterland eine ausserordentlich günstige Perspektive eröffnet. Auch die Kolonisationsfrage kommt hier und an dieser Stelle vielleicht zuerst und am aussichtsreichsten in Betracht. In Deutsch-Ostafrika ist Platz für viele Tausende deutscher Bauern, die, wenn sie die ihnen zunächst fremdartigen Kulturen der Kolonie offenen Auges verfolgen, binnen kurzer Zeit bei Fleiss und Aufmerksamkeit in gute Verhältnisse kommen können. Auch der gewöhnliche Mann fühlt sich in der Kolonie wohl und sieht eine aussichtsreiche Zukunft vor sich. Referent hat verschiedene einfache Leute gesprochen, die zwar grosse Anhänglichkeit an das Mutterland zeigten, aber doch mit Lebhaftigkeit und Wärme die neue Heimat gepriesen haben. Schon heute zählen wir in Ostafrika einen ziemlichen Bestand alter Afrikaner, d. h. von Personen, die seit 12 und mehr Jahren in Afrika wohnen; schon heute denken die Beamten mehr und mehr daran, ihre Familien an sich zu ziehen und ihre Kinder im Lande aufwachsen zu lassen. Auch europäische Frauen treten in immer grösserer Zahl auf, und es wird nach Ansicht des Referenten nur noch eine Frage der Zeit sein, wie die günstige Lage der Kolonie die Aufmerksamkeit des grossen Publikums in erhöhtem Masse auf sich lenken wird, wie sich die Kolonie entwickeln wird als ein Handelsemporium und vor allen Dingen als ein Land, das mit Nutzen einen Teil des Bevölkerungsüberschusses des Mutterlandes an sich ziehen kann. Dieses letztere Bedürfnis aber zu befriedigen, ist für die nationale Zukunft unseres Volkes nichts weniger als eine Lebensfrage. Gelingt es uns, den Bevölkerungsüberschuss des Mutterlandes in die eigenen Kolonialgebiete hinüber zu leiten, finden die Auswanderer nach dem deutschen Afrika in der neuen Heimat ihr gutes Auskommen und wirtschaftliche Zukunft, so wird sich sicherlich das heute auf dem etatsmässigen Untergrunde sich aufbauende ungünstige Verhältnis unserer Kolonialpolitik in das Gegenteil verwandeln, und wir werden dann, auch ohne Schwärmer zu sein und ohne uns besonders vaterländisch begeistern zu müssen, als nüchterne Geschäftsleute den Tag und die Stunde segnen, an welchem diese Kolonie uns erworben ist. (Lebhafter, anhaltender Beifall.)

Der stellvertretende Vizepräsident, Herr Kommerzienrat **Ravené**, dankt dem Herrn Referenten auf das herzlichste dafür, dass er bei seiner stark besetzten Zeit noch Gelegenheit gefunden habe, die Anwesenden durch seinen hochinteressanten Vortrag zu erfreuen.

Damit ist die Tagesordnung erschöpft. Der Vorsitzende dankt darauf den Gästen und Mitgliedern für die Aufmerksamkeit und das Interesse, mit welchen sie den Verhandlungen gefolgt sind und sich an den Eröterungen beteiligt haben und schliesst die Versammlung um $2^1/_2$ Uhr nachmittags.

A. W. Hayn's Erben, Berlin und Potsdam.

FSC
www.fsc.org
MIX
Papier | Fördert gute Waldnutzung
FSC® C083411

Kolibri 360 GmbH
Ferdinand-Jühlke-Straße 7
99095 Erfurt, Deutschland
produktsicherheit@kolibri360.de